Rudolf-Werner Dreier
Universität Freiburg

Rudolf-Werner Dreier

Universität Freiburg

Originalausgabe
© Verlag Herder GmbH, Freiburg im Breisgau 2023
Alle Rechte vorbehalten
www.herder.de

Foto Titelseite: © Sandra Meyndt
Foto Rückseite: © Bertram Walter
Satz: SatzWeise, Bad Wünnenberg
Herstellung: Herstellung: PBtisk a. s., Příbram

Printed in the Czech Republic

ISBN 978–3-451–38578–0

Inhalt

Zu diesem Buch 7

Geschichte der Universität Freiburg von der Gründung bis zur Gegenwart 9
Die Universität und ihre Geschichte 9
Die Universität und ihre Fakultäten 67
Die Universität und ihr Klinikum 90
Die Universität und ihre Stadt 93
Die Universität und ihre Region 102
Die Universität und die Welt 108

Geschichten aus der Uni-Geschichte 111
Die Universität und die Frauenfrage 112
Die Universität und der Sport 116
Die Universität und der Wein 120
Die Universität und die Studentenbuden 123
Die Universität und ihre Professoren 126
Die Universität und ihre Nobelpreisträger 132
Die Universität und ihre Rektoren 141
Die Universität und die Ohrenwahl 146
Die Universität und Amerika 148
Die Universität und das Exil 150
Die Universität und ihre Stifter 151
Die Universität und die Kunst 154

Die Universität und der Botanische Garten 156
Die Universität und die Fastnacht 158
Die Universität und die »Liebe Hand« 160
Die Universität und der Peterhof 161
Die Universität und der Reisbrei 163
Die Universität und die Bücher 168
Die Universität und ihre Alumni 173

Quo vadis – Alberto Ludoviciana? 181

Dank 187

Literaturverzeichnis 188

Bildverzeichnis 191

Zu diesem Buch

Die Universität Freiburg zählt zu den ältesten und besten Universitäten in Deutschland. Wie ist sie entstanden, wie hat sie sich auf ihrem langen Weg von einer regionalen Hochschule zur internationalen Volluniversität des 20. und 21. Jahrhunderts verändert und weiterentwickelt? Welche Persönlichkeiten haben an der Freiburger Hochschule gelehrt und gelernt? Diesen Fragen geht der folgende Band nach, der nicht den Anspruch erhebt, ein wissenschaftlich umfassendes Geschichtswerk zu sein. Vielmehr möchte ich in kurzweiliger Form zunächst einen Einblick in die abwechslungsreiche Geschichte der Freiburger Universität geben. In Form einzelner Streiflichter werden dann herausragende Personen, die Fakultäten und manchmal erstaunliche Ereignisse sowie die wechselvolle Beziehung zwischen Universität und Stadt Freiburg vorgestellt.

Die ausgewählten Bilder aus mehr als 500 Jahren Universitätsgeschichte beleuchten in Kombination mit den Texten Glanz- und Notzeiten, aber auch alltägliche Situationen im Leben einer Hochschule und ihrer Angehörigen und sollen auf diese Weise ein Gesamtbild ihrer Entwicklung bis heute vermitteln.

Forschung kann nicht auf Jahre festgeschrieben werden; sie muss stetem Wandel unterliegen, um zeitgemäß und erfolgreich zu sein. Auf eine Aufzählung aktueller Forschungsschwerpunkte wird daher bewusst verzichtet.

Dieses Buch wurde während der Covid-19-Pandemie geschrieben, als die Universität Freiburg im »Lockdown« lag und Lehren und Lernen auf den E-Learning-Modus umschalten mussten. Ich hoffe sehr, dass diese Zeit nur eine weitere, bald abgeschlossene Episode ihrer langen Geschichte sein wird.

Denn eine Universität muss man vor Ort erleben. Man muss die Hörsaalluft einatmen und den Dozierenden und Mitarbeiterinnen und Mitarbeitern sowie den Kommilitoninnen und Kommilitonen persönlich begegnen, um die »Seele« einer Universität erfühlen zu können.

Freiburg, im Sommer 2022   Rudolf-Werner Dreier

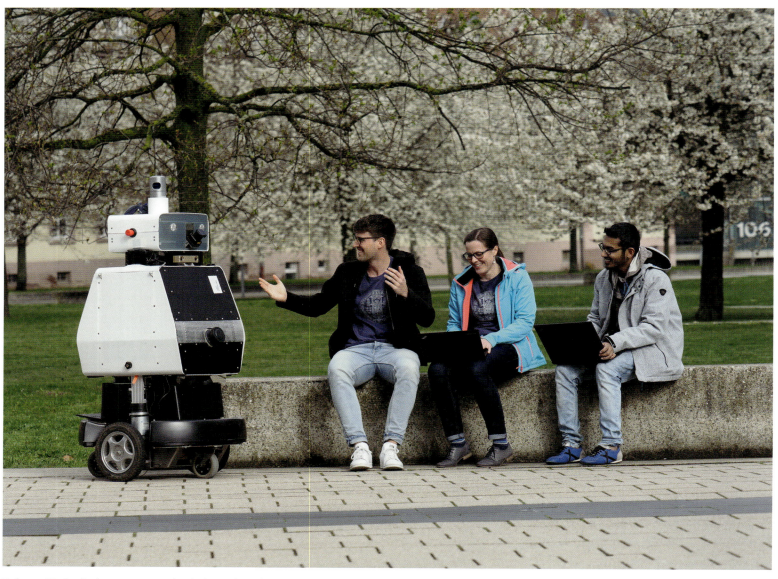

Roboter Obelix findet seinen Weg durch die Technische Fakultät. Er kann Hindernisse erkennen und umgehen und hat bereits autonom den Weg in die Innenstadt gefunden. Die Robotik ist ein Schwerpunkt in der Angewandten Informatik.

Geschichte der Universität Freiburg
von der Gründung bis zur Gegenwart

Der Weisheit wird ein Haus gebaut

Die Gründung der Universität zu Freiburg im Breisgau wird am 21. September 1457 durch den Stiftungsbrief Albrechts VI. von Österreich vollzogen. Bis sie ihren akademischen Lehrbetrieb aufnehmen kann, vergehen allerdings noch weitere drei Jahre. Bei der Gründungsfeier im April 1460 im Freiburger Münster zitiert der erste Rektor der Universität, Matthäus Hummel, ein Wort des Evangelisten Johannes: »Die Weisheit hat sich ein Haus gebaut«.

Die Freiburger Universität ist als kirchliche Korporation in besonderem Maße auf die Zustimmung des Papstes angewiesen. Bereits im Jahre 1455 bittet Erzherzog Albrecht der VI. von Österreich den Papst um die Erlaubnis zur Errichtung einer Universität in Freiburg. Papst Calixtus III. erklärt noch im April desselben Jahres seine grundsätzliche Zustimmung. Er bevollmächtigt den Konstanzer Bischof mit einer genauen Prüfung und der öffentlichen Bekanntmachung des Vorhabens. Als daraufhin keine Einwände gegen die Gründung einer Hochschule in Freiburg laut werden, genehmigt der Bischof am 3. September 1456 als Beauftragter des Papstes die Errichtung einer Universität in Freiburg. Am 18. Dezember 1456 bestätigt Kaiser Friedrich III. die Gründung und auch die Schenkungen, die sein jüngerer Bruder Albrecht der neuen Universität gemacht hat.

Mit seinen Dotationen vom 28.8.1456 und 12.3.1457 sichert Albrecht der jungen Hochschule ihre wirtschaftliche Grundlage mit den Einkünften aus Pfarreien im Breisgau, dem Elsass, der Schweiz und Oberschwaben. Mit Matthäus Hummel und Thüring von Hallwil setzt er außerdem zwei Kommissare ein, die die Rentbezüge aus diesen inkorporierten Besitzungen festlegen und, falls einzelne Stellen noch besetzt sein sollten, die Inhaber abfinden sollen. Ein oft kolportierter Einfluss seiner Frau Mechthild von der Pfalz kann aus den Quellen nicht belegt werden.

Am 21. September 1457 wird die Gründung durch den Stiftungsbrief Albrechts offiziell vollzogen und der Villinger Jurist Matthäus Hummel zum ersten Rektor (»Regierer, Fürseher und Rector«) der Universität bestellt.

Albrecht der VI. von Österreich, Gründer der Universität Freiburg. Ölgemälde von Peter Mayer, 1772

Mit dem Stiftungsbrief vom 21. September 1457, der »Albertina«, wird die Gründung der Universität Freiburg offiziell vollzogen.

Er wolle »graben helfen den Brunnen des Lebens, daraus von allen Enden der Welt, unversiegbar geschöpft werde erleuchtendes Wasser tröstlicher und heilsamer Weisheit, zur Erlöschung des verderblichen Feuers menschlicher Unvernunft und Blindheit«, heißt es in dem Freiheits- und Stiftungsbrief, der sogenannten »Albertina«.

Der Landesherr sichert darin allen Universitätsmitgliedern und ihren Angehörigen sicheres Geleit und weitgehende Freiheiten zu. Die Universität und ihre Fakultäten sollen das Recht haben, eigene Statuten festzusetzen. Die Rechtsprechung über die Angehörigen der Universität liegt generell beim Rektor. Dieses Recht, das nach dem Willen des Landesherrn die Stadthäupter von Freiburg nach ihrer Wahl dem Rektor der Universität beschwören müssen, erschafft eine Stadt in der Stadt. Die Universität ist nun eine von der Stadt autonome Körperschaft. Auch die Befreiung der Universitätsmitglieder und ihrer Angehörigen von Zoll, Steuer und Ungeld sorgt für zusätzliche Vergünstigungen gegenüber den Bürgern der Stadt und entsprechenden Ärger.

Mit der Gründung einer Universität in Freiburg will Erzherzog Albrecht als Territorialherr in einer Zeit des religiösen Schismas ein Bollwerk des katholischen Glaubens errichten und gleichzeitig in den österreichischen Vorlanden eine Ausbildungsstätte für den Nachwuchs der eigenen Verwaltung schaffen.

Auch sein Vetter Sigismund, der 1458 Albrecht in der Regentschaft der Vorlande ablöst, ist der jungen Universität wohlgesonnen. Auch er bestätigt am 9. Dezember 1460 die Rechte der Universität und überträgt ihr danach weitere Kirchenpfründen im Breisgau und Oberschwaben, darunter auch die Münsterpfarrei, durch die die Universität zum Pfarrherr Freiburgs wird.

Eine Stadt in der Stadt entsteht

Im ersten Semester sind 215 Studierende eingeschrieben. Die meisten gehören dem geistlichen Stand an. Für viele aber bedeutet das Studium die einzige Möglichkeit, innerhalb einer sonst starren und festgefügten Gesellschaftsordnung aufzusteigen. Kriege und andere politische Ereignisse werden die Studentenzahlen nie weit über eine Anzahl von 230 hinauswachsen lassen. Erst Ende des 19. Jahrhunderts werden die Immatrikulationen drastisch ansteigen.

Die Stadt Freiburg hat die Errichtung einer Universität aus wirtschaftlichen Erwägungen von Anfang an unterstützt. Die Gründung neuer regionaler Märkte und der Niedergang des Silberbergbaus hatten im 15. Jahrhundert zu einem drastischen Bevölkerungsrückgang geführt. Trotz einer risikofeindlichen Politik der Handwerkerzünfte hat die Stadt zur Ansiedlung der neuen Universität finanzielle Mittel für eine Überbrückungshilfe zur Verfügung gestellt. Ohne die Unterstützung der Stadt durch Darlehen wäre die Universität in den ersten Jahren nicht lebensfähig gewesen, da einige der übereigneten Pfarreien noch mit den bis-

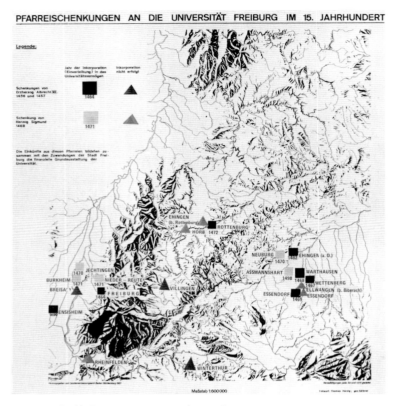

Die wirtschaftliche Erstausstattung der Freiburger Universität gründet sich vor allem auf die Schenkungen durch Erzherzog Albrecht VI. und Herzog Sigismund. Die Erträge aus den Pfarreien im Breisgau, in Oberschwaben und im Elsass sichern der Universität die Existenz auf viele Jahrhunderte.

herigen Pfarrern besetzt waren und bei anderen Pfründen die Verfügungsgewalt des Stifters strittig war.

Diese städtischen Zuschüsse können mit der Zeit abgetragen werden, denn es zeigt sich, dass die Schenkungen der Universität eine gute Versorgung einbringen.

Die besonderen Freiheiten und Vergünstigungen, die der Universität im Privilegienbrief Albrechts zugebilligt worden sind, führen dagegen immer wieder zu Konflikten mit der Stadt. Das Recht auf eigene Gerichtsbarkeit entzieht dem Stadtgericht den Zugriff auf Straftäter aus den Reihen der Universität. Obwohl die Disziplinargesetze der Universität den Studenten ausdrücklich das Waffentragen oder auch »alles Steinwerfen, Ringen, Fechten oder Besuchen von Fechtschulen, Frauenhäusern und den entfernten Kirchweihen« wie auch die »Teilnahme an Ringeltänzen auf dem Münsterplatze oder anderswo und öffentlichen Zechgelagen« strengstens verbieten, kommt es immer wieder zu Auseinandersetzungen mit den Bürgern und damit zu einem Konflikt mit dem Stadtrat, dem bei der Rechtsprechung die Hände gebunden sind. Der Großteil der Klagen von Bürgern bezieht sich allerdings auf das Einziehen von Schulden, weniger auf die Ahndung von Körperdelikten oder Diebstählen.

Der Sonderstatus der Universität äußert sich auch in Fragen der Etikette. So ist beispielsweise die Frage, wer bei den Fronleichnamsprozessionen den Vortritt habe – Rektor (als Oberherr des Münsters) mit Professoren oder Bürgermeister mit Stadtrat –, ein ständiger Streitpunkt.

Auch die steuerlichen Vorteile der Universitätsangehörigen sind den Bürgern ein Dorn im Auge. Ein Streitfall, der noch lange Zeit danach für ein tiefes Zerwürfnis zwischen Stadt und Universität sorgt, sind im Jahr 1481 die sogenannten »beweibten Magistri«. Das sind die mit Freiburger Bürgerinnen verheirateten Universitätslehrer, die aufgrund ihrer akademischen Steuerfreiheit nun auch für ihr eingeheiratetes Gut keine Steuern mehr zahlen wollen. Man einigt sich im Jahr 1501 schließlich, dass »nicht mehr als acht Doktoren und Meister (Magister) einschließlich zwei Ärzte« als Ehemann einer Freiburger Bürgerin in den Genuss der Sonderprivilegien der Universität kommen dürfen, alle anderen

Darstellung der Stadt Freiburg in der »Cosmographia« von Sebastian Münster 1549

aber wie Freiburger Bürger und Steuerzahler behandelt werden sollen. Auch sollen, wie man dann im Jahr 1517 festlegt, nur 26 Akademiker in der Stadt eigenen Grundbesitz erwerben können.

Trotz aller Streitereien braucht man sich gegenseitig. Die Stadt ist nicht zuletzt aus finanziellen Gründen auf die Wirtschaftskraft der Universität angewiesen. Deshalb kommt es immer wieder zu Kompromissen. Getreu der Auflage des Gründers schwört in jedem Jahr die Spitze der städtischen Behörde dem Rektor, die Privilegien der Universität einzuhalten. Die Formel endet mit den versöhnlichen Worten: »Dessen sollen wir und die Universität uns je zu Zeiten miteinander (so wir's vermögen) gütlich und freundlich vertragen«.

Gerade in Krisen- und Kriegszeiten sieht man Professoren und Studenten Seite an Seite mit der Bürgerschaft. Bei den vielen Belagerungen verteidigen Studenten zusammen mit den Bürgern die Stadt. Selbst die Jesuiten der Universität schließen sich später nicht aus, wenn es gilt, bei einem Nachtgefecht das Geschützfeuer zu kommandieren.

Freiburger Studentenleben

Zu jener Zeit beginnt man das Studium in einem Alter zwischen 12 und 16 Jahren. Aber auch Zehn-, Neun- und sogar ein Sechs-

Die Universitätsangehörigen unterstehen der Rechtsprechung der Universität, nicht der Stadt. Als der Freiburger Patrizier Gaudenz von Blumeneck im Jahr 1508 durch einen Schuss verletzt wird und eine Untersuchungskommission des Senats die Beschuldigung von Studenten als Täter zurückweist, eskalieren die Ereignisse.
Gaudenz von Blumeneck ermordet sogar den Rektor der Universität, Northofer, auf dem Weg vom Kollegium zu seinem Haus. Die Regierung im Elsass beauftragt daraufhin in einer Urkunde vom 25. Juni 1509 auf Klage der Universität Bürgermeister und Rat von Freiburg mit der Gefangennahme des Täters.

Die Rangordnung bei der jährlichen Fronleichnamsprozession ist ein ständiger Stein des Anstoßes zwischen Universität und Stadt. Eine Anordnung von 1539, wonach die städtischen Verordneten den Vortritt vor Rektor und Regenten der Universität erhalten sollen, stößt genauso wie auch die Verordnung von 1589 (s. Abb.) auf Widerspruch.

jähriger sind in den Matrikelbüchern der Universität zu finden. Sie kommen zum größten Teil aus dem regionalen Umfeld der Erzdiözese Konstanz, dem damaligen Bischofssitz.

Die Studenten müssen vor Antritt ihres Studiums dem Rektor den Immatrikulationseid leisten. Ihnen werden dann in einem Aufnahmeritus zur Freude ihrer Kommilitonen »die Hörner abgestoßen« oder der Rücken »abgehobelt«.

Die Studenten wohnen zunächst in Wohnheimen, den sogenannten »Bursen«. Mit der Zeit wird der sogenannte »Bursenzwang« umgangen und die Studierenden logieren zunehmend auch in Privathäusern oder bei ihren Professoren.

Bereits im Stiftungsprivileg sind die Freiburger Bürger angehalten worden, ihre studentischen Mieter nicht auszunützen. Rektor und Bürgermeister sollen nötigenfalls eine Kommission bestellen, die die Studentenzimmer besichtigen und einen vernünftigen Mietpreis aushandeln soll.

Angesichts der sozialen Not vieler Studenten stiften angesehene Bürger und ehemalige Studierende (Alumni) solche Bursen und finanzieren den Stipendiaten neben der Unterkunft oftmals auch Kleidung, Kost und Studien- sowie Prüfungsgebühren.

In diesen Studienhäusern wohnen Magister und Studenten unter einem Dach. Auch der Unterricht findet in den Bursen statt, da die Universität zu jener Zeit noch nicht über ein eigenes Kollegiengebäude verfügt.

Nach zwei städtischen Bursen, der Pfauen- und der Adlerburse auf dem Gelände der heutigen »Alten Universität« an der Bertoldstraße, finanzieren Anfang des 16. Jahrhunderts private Stifter weitere sechs Bursen. Darunter ist das »Collegium Sapientiae« (»Haus zur Weisheit«) an der Nußmann- und Herrenstraße gegenüber der städtischen Lateinschule eine der bedeutendsten Stiftungen jener Zeit. Der Augsburger Weihbischof Johannes Kehrer, ein ehemaliger Lehrer an der Freiburger Artistenfakultät, stiftet diese Burse im Jahr 1496. Er fördert gezielt begabte und sozial schwache Studenten, die wiederum oftmals selbst Karriere machen und dann nach ihrem Studium – als Alumni – ebenfalls zugunsten der Universität Stiftungen errichten werden. Kaum 550 Jahre später hat die Universität mit der Gründung einer

Das »Collegium Sapientiae«, eine von fünf Stiftungen dieser Zeit, gewährt 12 Studenten Unterkunft, Verpflegung und Kleidung sowie die Freistellung von Kolleggebühren. In einer reich illustrierten Hausordnung legt der Stifter Johannes Kehrer in der Form von Klosterregeln den Tagesablauf der Studenten fest.

Der Tagesablauf ist streng reglementiert – vom Aufstehen (links) bis zur Bettruhe. »Widerrechtliche Handanlegung«, also Raufereien (rechts), sind streng verboten.

Alumni-Vereinigung (Alumni Freiburg) diesen fortschrittlichen Ansatz Kehrers wieder aufgegriffen.

Neben der wirtschaftlichen Ausstattung legt Kehrer in einem 88 Punkte umfassenden und reich illustrierten Statutenbuch das Gemeinschaftsleben innerhalb der Burse genau fest. Dadurch erhalten wir einen genauen Einblick in den Tagesablauf einer solchen Burse.

Der Burse soll ein Magister der freien Künste als Präses vorstehen. Eine Kommission ist für die Auswahl der zwölf Stipendiaten verantwortlich, die ihr Stipendium lediglich als Darlehen erhalten, das sie nach Beendigung ihres Studiums zurückzahlen müssen – ein Bafög des Mittelalters.

In Form einer Klosterregel ist der Tagesablauf der Insassen der Sapienz genau vorgezeichnet. Zum Aufstehen bei Sonnenaufgang läutet im Winter um sechs, im Sommer um fünf Uhr bereits die Glocke. Die Studien beginnen mit einem Morgengebet und werden kurz vor 10 Uhr zu einer Messfeier unterbrochen.

Um 11 Uhr ist dann die Hauptmahlzeit. Den stark verdünnten Wein gibt es zu allen Mahlzeiten in den Bursen. Die Tagesration besteht aus einem halben Pfund gekochten Fleisch und Gemüse als Beilage. Braten kommt nur an Festtagen auf den Tisch.

»Da sich die Weisheit in den Häusern der üppig Lebenden nicht finden lässt, unser Haus mit dem Titel ›Zur Weisheit‹ bezeichnet ist, müssen üppige Gelage und alle Leckereien gleich ruchlosen Sirenen recht weit entfernt sein«, heißt es in den Statuten.

Der Tag endet mit einer Andacht in der Hauskapelle. Die Wachslichter werden im Winter um acht Uhr, im Sommer vor neun Uhr abends gelöscht. Dass das Gebot, das Haus nach dem Schließen nicht zu verlassen, oft gebrochen wird, zeigt ein Zusatz in den Statuten. Danach ist das Öffnen der Türen mit »falschen«, also nachgefertigten Schlüsseln, das Verlassen und Betreten des Hauses durch andere Öffnungen als durch die Tür sowie die Miete eines zusätzlichen Zimmers in der Stadt streng verboten. Das Glücksspiel ist ebenso untersagt wie das Singen anstößiger Lieder oder die Unterhaltung in einer anderen als der lateinischen Sprache – und natürlich Frauenbesuch. Offenbar gab es ständig Anlass diese Verbote auszusprechen und schriftlich festzuhalten.

So auch die Strafen: Schwere Vergehen werden mit dem Ausschluss, leichtere mit Weinentzug bei den Mahlzeiten bestraft. Bereits zu jener Zeit ist Freiburg offensichtlich eine beliebte Weingegend. Lange Zeit erhalten die Professoren ihr Gehalt nicht mit Geld, sondern aus den Naturalien der Pfründe, beispielsweise auch in Wein, ausgezahlt. Sauberes und hochwertiges Trinkwasser war damals eine Seltenheit. Alkoholische Getränke, wie Dünnbier oder mit Wasser verdünnter Wein, waren daher durstlöschende Alltagsgetränke.

Die Studenten dürfen ohne Begleitung des Lehrers das Haus nicht verlassen. Glücksspiel (oben) und Frauenbesuch (unten) werden mit harten Strafen geahndet.

Studieren: auswendig lernen, disputieren und feiern

Wie ist das Studium in Freiburg damals organisiert? In einem Grundstudium in der Artistenfakultät, das für jeden Studenten verpflichtend ist, kann man die Grundkenntnisse erwerben, die zum Studium der drei höheren Fakultäten notwendig sind: der Theologie, der Jurisprudenz und der Medizin.

Lange Zeit ist es üblich, dass Vor-Lesungen beim Wort genommen werden und der Professor aus einem Lehrbuch, das zuvor von der Fakultät bestimmt worden ist, nur vorliest. Ebenfalls in lateinischer Sprache stehen Disputationen auf dem Lehrplan – eine Art Frage- und Antwortverfahren, das weniger die Wissensvermittlung als eine rhetorische Schulung zum Ziel hat.

Die wissenschaftlichen Grade, die man auf der Universität erwerben kann, sind der niederschwellige Baccalaureus, vor allem aber das Licentiat und der Magister- bzw. Doktorgrad, die bereits die Lehrbefugnis beinhalten. Die Gradverleihungen sind gewöhnlich mit großen, oft tagelangen Feierlichkeiten verbunden. Die Kosten für die Feiern, für eine neue Robe und weitere Ausgaben wie beispielsweise das Honorar für den obligatorischen Festredner, gehen zu Lasten der frischgekürten Würdenträger. Viele verzichten auf den Titel, da sie sich eine solch kostspielige Angelegenheit nicht leisten können. Die Promotionsfeiern sind ansonsten sehr beliebt, fällt doch an diesem Tag der gesamte Vorlesungsbetrieb aus.

Das Semester beginnt Mitte November und endet im August. Es ist allerdings von einem reichhaltigen Angebot an Fest- und Feiertagen unterbrochen, die der Universität Anlass zu geschlossenem öffentlichem Auftreten geben. Fakultätspatrozinien und einige andere Feste werden eineinhalb- oder sogar zweitägig gefeiert.

Außer an Fronleichnam nimmt die gesamte Universität allein fünfzehnmal im Jahr an kirchlichen Prozessionen in Freiburg und Umgebung teil. Dazu kommen außerdem die obligatorischen »Recreationen« (Erholungstage). Donnerstags ist grundsätzlich ganz und dienstags ein halber Tag frei. Von den insgesamt 300 Tagen eines Studienjahres im 18. Jahrhundert bleiben so noch knapp 90 Tage übrig, an denen wirklich Vorlesungen gehalten werden.

Eine Figurenreihe in der Vorhalle des Freiburger Münsters stellt die sieben Artes Liberales, also die Fächer des Grundstudiums dar: zunächst das »Trivium« mit Grammatik, Dialektik und Rhetorik, dann das »Quadrivium« (s. Abbildung von links) mit Geometrie, Musik, Arithmetik und Astronomie.

Die Grammatik (lateinische Sprachlehre) bedient sich – damals üblicher – drastischer Erziehungsmethoden.

Die Uni baut in der Stadt

In der Anfangszeit ist der Universitätsbetrieb oft auf mehrere Häuser – Privatwohnungen, Bursen oder Klöster – verteilt. Die Universität verfügt nicht über ein eigenes Gebäude. Mitte des 16. Jahrhunderts ändert sich dieser unbefriedigende Zustand. Die Universität kauft 1559 und 1578 zwei Bürgerhäuser am Franziskanerplatz, das Haus »Zum Phönix« und das Haus »Zum Rechen«, und baut sie für ihre Zwecke um und zum Rathausplatz hin ein neues Eingangsportal im Renaissancestil (Abb. oben).

Für 200 Jahre findet die Universität in diesem Gebäude, dem heutigen »neuen Rathaus«, ihre geistige Heimat. Im Jahr 1777 ziehen dann die Philosophische, Theologische und Juristische Fakultät in das ehemalige Jesuitenkloster um, während die Medizinische Fakultät mit ihrem »Auditorium anatomicum« (Abb. Seziersaal unten) in der »Alten Universität« am Franziskanerplatz bleibt.

Da die Anatomie jedoch bald an Platzmangel leidet und auch zum Leidwesen der Bevölkerung über keinen Leichenkeller verfügt, zieht sie schließlich 1867 in ein neues Gebäude im Norden der Stadt außerhalb des niedergelegten Festungsrings. Die »Alte Universität« am Franziskanerplatz nimmt die Poliklinik auf, dann zieht auch diese in das heutige Institutsviertel.

Das »Alte Kollegium« wird dann 1891 für 140.000 Goldmark durch die Stadt gekauft und zum heutigen »Neuen Rathaus« umgebaut. Die ehemalige »Aula« der Universität mit ihrer stuckierten Decke und den Darstellungen der Fakultätspatrone ist bis heute erhalten und dient für Empfänge der Stadt. Auch das Renaissanceportal der »Academia Friburgensis«, wie die Inschrift im Fries lautet, ziert heute noch die Westwand des Rathaushofes.

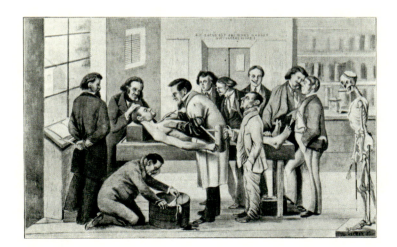

Gelehrte des 16. Jahrhunderts

Der Aufbau und Ausbau der jungen Freiburger Universität kann zum Beginn des 16. Jahrhunderts als abgeschlossen gelten. Einige der bedeutendsten Männer der Zeit lehren und lernen an der Freiburger Hohen Schule.

Dazu gehört der Freiburger Kartäuserprior **Gregor Reisch** (ca. 1470–1525), der seine zwölfbändige Enzyklopädie »Margarita philosophica«, eines der wichtigsten wissenschaftlichen Kompendien seiner Zeit, ursprünglich als Lehrbuch für die Freiburger Artistenfakultät schreibt. Reisch ist einer der führenden Köpfe des Humanismus und genießt als Beichtvater Kaiser Maximilians hohes Ansehen.

Die Auswirkungen der Werke eines seiner Schüler, **Martin Waldseemüller** (ca. 1472–1520), reichen bis in die Gegenwart. Zusammen mit seinem Freiburger Kommilitonen Matthias Ring-

Ein folgenschwerer Irrtum gibt dem neuen Kontinent seinen Namen: Ausschnitt aus Waldseemüllers Weltkarte

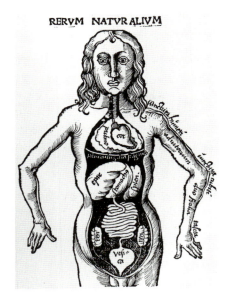

Gregor Reisch, Prior des Kartäuserklosters in Freiburg, erfasst in seiner »Margarita philosophica« das gesamte Wissen seiner Zeit. Die Abbildungen zeigen: »Corpus Phisicum«, ein Schema der Brust und Baucheingeweide (der Darm mündet in die Blase!) und »Typus Grammaticae«, eine im Mittelalter beliebte Darstellung der »Artes Liberales«, dem Lehrkanon der Artistenfakultät, als Turm der Wissenschaften.

mann erschafft der Freiburger Kartograph die berühmte Weltkarte von 1507. In der Begleitschrift (»Cosmographiae introductio«) begehen sie einen folgenschweren Fehler. Waldseemüller und er nehmen nämlich an, dass Amerigo Vespucci, ein portugiesischer Seefahrer, der als Erster die Amazonasmündung entdeckt hat, auch der Entdecker des neuen Kontinents sei. Waldseemüller tauft daher in seiner Karte das neu entdeckte Land nach Amerigo, dem vermeintlichen Entdecker, »America«.

Waldseemüllers Werk aus Weltkarte, Faltglobus und Begleitschrift, in St. Dié im Elsass gedruckt, findet eine ungeheure Verbreitung und wird tausendfach kopiert. Alle seine späteren Versuche, den Irrtum zu korrigieren, schlagen fehl. Der Name »America«, die Erfindung eines ehemaligen Freiburger Studenten, hat sich eingebürgert und bis heute seine Gültigkeit behalten.

Auch wichtige Humanisten wie Johannes Reuchlin und Jakob Wimpfeling lehren in Freiburg. In der Theologischen Fakultät wirken der Prediger **Geiler von Kaysersberg** (1445–1510) sowie Johannes Eck und Thomas Murner, zwei Reformationsgegner Martin Luthers.

Auf der Flucht vor den Reformationswirren in Basel kommt der bedeutende Humanist **Erasmus von Rotterdam** (1469–1536) nach Freiburg. Seine Immatrikulation im August 1533 an der Hochschule bringt allerdings nicht die gewünschte Lehrtätigkeit, sondern soll ihm wohl nur einen Platz in der Liste der Privilegierten sichern, die das steuerbefreite Akademische Bürgerrecht erwerben und ein Haus in Freiburg kaufen können. Während des sechsjährigen Aufenthaltes in Freiburg (1529–1535) hält Erasmus keine einzige Vorlesung, hält aber engen Kontakt zu mehreren Universitätslehrern.

Eines der wichtigsten und bedeutendsten Mitglieder der juristischen Fakultät ist **Ulrich Zasius** (1461–1535). Er schreibt 1520 das neue Freiburger Stadtrecht und ist der Wegbereiter für die Rezeption des römischen Rechts und damit für unsere heutigen Rechtsgrundlagen.

Reformationszeit: Beginn einer unheilvollen Entwicklung

Der Beginn des Reformationszeitalters ist für die Universität der Anfang einer unheilvollen Entwicklung. Sie ist ständig in ihrer Existenz bedroht. Die Landesfürsten suchen an den Universitäten ihren Glauben zu manifestieren und verbieten jeweils den Besuch einer protestantischen oder katholischen Universität. Freiburgs Studentenzahlen sinken, ist sie doch von protestantischen Universitäten wie Basel, Heidelberg, Tübingen oder Straßburg umringt.

Steht die Universität Freiburg anfangs den Lehren Luthers noch positiv und ausgewogen gegenüber, so wird sie auf Drängen des Landesherrn immer mehr in die Rolle einer gegenreformatorischen, rein konfessionellen Schule gezwängt. Mit Einschüchterung, Denunziationen und durch Berufsverbote nimmt die vorderösterreichische Regierung in Ensisheim Einfluss auf die Lehre an der Universität.

Schließlich wird die Theologische Fakultät aufgefordert, für den Speyerer Reichstag ein Gutachten gegen Luther und die Schriften seiner Anhänger zu fertigen. Mit einer persönlichen Visite verleiht Erzherzog Ferdinand der Aufforderung zur »Bekämpfung der kirchlichen Lehrsätze der Neuerer« Nachdruck.

Trotz aller Abwehrversuche der Universität wird Freiburg mitsamt seiner Hochschule zu einem Zentrum der katholischen Orthodoxie. Der Lehrbetrieb versteinert im Herkömmlichen und verschließt sich den neuen Wissenschaften. Der Erasmus-Schüler Georg Vicelius, ein strenger Gegner der Lutherischen Lehren, muss selbst später bekennen, »dass für Schulen im Katholischen Deutschland wenig, viel dagegen im Lutherischen geschehe, aus dessen Anstalten treffliche Talente hervorgingen«. Und der Freiburger Medizinprofessor Johann Zink klagt gar: »Wenn ich noch jung wäre, würde ich Lutherische Anstalten aus dem Grund aufsuchen, weil dort auf alle Wissenschaften eine weit bessere und praktischere Methode angewendet wird«.

Die Anpassung ist vollkommen, als im Jahr 1567 die Universität auf Verlangen des Erzherzogs allen Mitgliedern der Hochschule die Beschwörung des Tridentinischen Glaubensbekenntnisses zur Pflicht macht. Diese Glaubenskontrolle wird durch die sogenannte »Transactio Viennensis« (1700) noch verschärft. Sie erteilt jedem Studenten die Auflage, gegenüber Universitätsleitung und Behörden durch einen Beichtzettel den Empfang der Osterkommunion nachzuweisen.

Streit um Finanzen und lange Bärte

Das 16. Jahrhundert ist durch ein erbittertes Ringen mit der Landesregierung um die Rechts- und Finanzautonomie der Universität gezeichnet. Durch Visitationen versucht man die Universitätsspitze einzuschüchtern. Die Anklagen reichen von schlechter Haushaltsführung bis zur häufigen Abwesenheit der Professoren von dem Lehrbetrieb. Durch reichliche Geschenke – Freiburg ist damals schon für einen guten Wein bekannt – und hartnäckige Weigerungen kann der Rektor Disziplinarmaßnahmen verhindern.

Ein anderer Punkt dagegen gibt stets Anlass zur Sorge. Die Studenten schlagen immer öfters über die Stränge. Das Schwänzen des Unterrichts ist ein ständiger Stein des Anstoßes. Zudem stiften die lockeren Lebenssitten innerhalb der Bursen Unfrieden mit den Bürgern der Stadt. Die strengen Hausregeln werden nicht mehr beachtet, die Bursenbewohner gehen auch nachts ohne ihre Studentenkleidung ein und aus und feiern wilde Feste in den Kollegien. Die Raufereien mit der Stadtjugend häufen sich und mehrmals versuchen Handwerker die Bursen mit Waffengewalt zu stürmen. Die herbeieilenden städtischen Scharwächter beenden dann oftmals das drohende Scharmützel.

Ein weiterer ständiger Streitfall ist die Frage der Kleiderordnung. Mussten die Scholaren anfangs noch alle ein einfaches langes, schwarzes Gewand tragen, wird die strenge Kleiderordnung durch den Einfluss modebewusster adliger Studenten immer mehr aufgeweicht. Je nach Mode werden die Röcke kürzer und die Degen länger. Die Universität zieht gegen Bärte genauso zu Feld wie gegen Federn auf den Birett-Hüten.

Mit der Studierfähigkeit vieler Studienanfänger ist es schlecht bestellt. Das ist allerdings ein Vorwurf, den man eigentlich zu

ALVMNVS COLLEGII SAPIENTIAE

Die »unziemliche« Kleidung der Studenten, die wenig Gefallen an der vorgeschriebenen Gelehrtentracht aus einem langen Untergewand, einem mantelartigen Obergewand und einem runden, flachen Birett haben, ist ständiger Anlass für Strafmaßnahmen der Universität und führt zu den Kleiderordnungen des Senats in den Jahren 1557 und 1612.

allen Zeiten, auch heute, hört. Um eine einheitliche Vorbildung zu gewährleisten, entschließt sich die Universität im Jahr 1572, ein sogenanntes »Pädagogium« als Vorstufe zur Artistenfakultät in der ehemaligen Adlerburse einzurichten. Der Abschluss dieser Lehranstalt sorgt für die notwendigen Sprachkenntnisse in Latein und Griechisch und berechtigt so zum Studium an der Hochschule. Mit seinen vier Klassen (Prima, Secunda, Tercia und Quarta) entwickelt sich das Pädagogium mit der Zeit zu einem »Gymnasium Academicum«.

Flucht vor der Pest und ein neuer Botanischer Garten

Der Vorlesungsbetrieb wird immer wieder durch die »Luftseuche«, wie die Pest genannt wurde, unterbrochen, die auch in Freiburg wütet – während des 16. Jahrhunderts allein fünfzehnmal. Die Universität sucht vornehmlich in Villingen, Mengen, Rheinfelden, Radolfzell oder Konstanz Zuflucht.

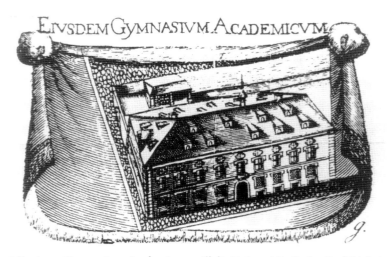

Mit einem Gymnasium Academicum will die Universität die Studierfähigkeit ihrer Erstsemester verbessern (Stich aus dem frühen 18. Jahrhundert).

Zur Versorgung der eigenen Kranken kauft sie sich im Jahr 1620 ein Haus an der Stadtstraße in der Vorstadt Neuburg, das sie als Krankenhaus einrichtet und auch als »Anatomisches Theater« nutzt.

Auf dem Grundstück legt sie im gleichen Jahr einen Botanischen Garten als »Medizinischen Garten« an. Der Botanische Garten der Universität ist der fünftälteste in Deutschland und feiert im Jahr 2020 während des 900-jährigen Jubiläums der Stadt seinen 400. Jahrestag. Der Botanische Garten wird mehrmals verlegt: 1766 an die Dreisam bei der heutigen Kronenbrücke, 1879 an die Sautierstraße und schließlich 1912 bis heute an die Schänzlestraße im Stadtteil Herdern. Im Zuge des Institutsneubaus der Biologie wird auch der Botanische Garten neugestaltet und große Schaugewächshäuser entstehen. Bis heute ist der Botanische Garten mit seinen ca. 6000 verschiedenen Pflanzenarten aus aller Welt ein Lehr- und Lernort, aber auch ein frei zugänglicher öffentlicher Park für alle Bürgerinnen und Bürger.

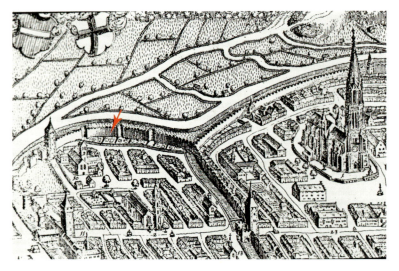

Der 1620 angelegte Botanische Garten der Universität wird mehrmals innerhalb der Stadt verlegt, ehe er sein heutiges Domizil an der Schänzlestraße findet. Heute ist er ein beliebter Treffpunkt für die Freiburger Bürgerschaft und dient dem praktischen Botanikunterricht der Biologiestudierenden. Ausschnitt aus dem Merian-Plan von 1644; der Pfeil zeigt den mutmaßlichen Standort.

Die Jesuiten kommen

Die Freiburger Universität ist im 17. Jahrhundert die einzige katholische Hochschule im deutschen Südwesten. Sie ist auf die Region beschränkt und bildet den Nachwuchs für den vorderösterreichischen Raum aus.

Mit dem Einzug der Jesuiten wird Freiburg vollends zu einem Bollwerk des katholischen Glaubens. Nachdem 1577 ein erster Versuch der Habsburger Regierung unter Erzherzog Ferdinand I., in Freiburg ein Jesuitenkolleg zu eröffnen, an der ablehnenden Erklärung der Universität, man brauche freie Männer und wolle keine Jesuiten erziehen, gescheitert ist, macht der an die Regierung gekommene Erzherzog Leopold V. bald darauf kurzen Prozess. Die Jesuiten übernehmen im Jahr 1620 die humanistischen Studien an der Universität Freiburg. Das Gymnasium, die Artistenfakultät und die meisten Lehrstühle der Theologischen Fakultät werden von Mitgliedern des Ordens eingenommen. Die Jesuiten entfalten eine immense Bautätigkeit. 27 Grundstücke werden zu einer großen Klosteranlage zusammengefasst. Mit der Universitätskirche, dem großräumigen Kolleg und dem an der Bertoldstraße gegenüberliegenden Gymnasium verfügt der Orden hundert Jahre später über den umfangreichsten Gebäudekomplex in der Stadt.

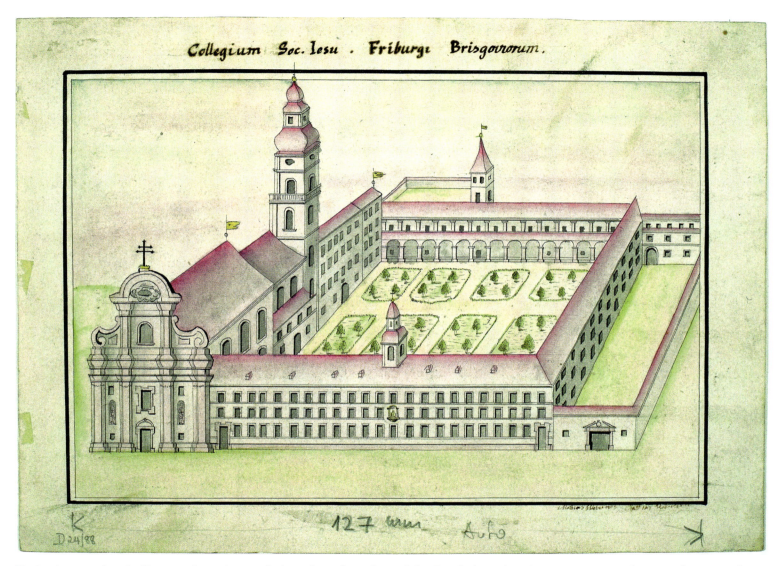

Die Jesuiten gründen vier Kongregationen, je zwei akademische und zwei bürgerliche. Der akademischen Congregatio Major gehören Professoren und Studenten sowie Bürger von Rang und Stand an; der Congregatio Minor, die am 1. Dezember 1621 durch eine Urkunde zu Rom bestätigt wird, die Gymnasiasten. Nach Aufhebung des Jesuitenordens 1773 wird das Gebäude zuerst zur Versteigerung ausgeschrieben. Die Universität kann den Gebäudekomplex schließlich für sich erwerben.

Neue Fächer und Unterricht in Sprachen, Tanzen, Fechten

Auch in dieser Zeit behält die Universität das hergebrachte Lehr- und Wissenschaftssystem bei. Noch bis ins 18. Jahrhundert hinein verhindert sie neue Wissenszweige und Methoden und verschließt sich dem Gedankengut der Aufklärung.

Das Wissen eignen sich die Studenten weiterhin durch regelmäßige Disputationen, nicht aber durch empirische Beobachtungen oder experimentelle Forschungen an. Die Disputationsthemen erscheinen uns heute äußerst befremdlich. So werden beispielsweise Themen erörtert wie: »War der Blitz, der das Rad der hl. Katharina zerstörte, ein natürlicher?«, »Wie viele Engel passen auf eine Nadelspitze?« oder: »Lässt sich der Schwaben Geschwätzigkeit übel deuten?«

Die Breisgauer Landstände versuchen auf die Universität einzuwirken und ein zeitgemäßes Studium zu ermöglichen. Gerade für adlige Studierende sind Sprachen, aber auch studienfremde Fächer wie Tanzen und Fechten ein zeitgemäßer und wichtiger Teil ihrer Ausbildung. Im Jahr 1716 stiften die Landstände daher neue Lehrstühle für Natur- und Völkerrecht, für Architektur und für Weltgeschichte sowie zwei Sprachlehrerstellen für Italienisch und Französisch. Um ein fortschrittliches Studium zu ermöglichen, hätte es allerdings einer grundlegenden Studienreform bedurft. Dementsprechend gering ist zu dieser Zeit die Zahl der Studenten, die sogar hinter die Frequenz zur Zeit der Universitätsgründung zurückgeht. Hinzu kommen die zahlreichen Kriege zwischen Österreich und Frankreich mit wechselnden Besetzungen der Stadt Freiburg, die ebenfalls für einen Rückgang der Studierendenzahlen sorgen. Zeitweise sind nicht mehr als 50 Studenten an der Freiburger Hochschule immatrikuliert.

Tanzen, Reiten und Fechten werden akademische Künste, die weitere Studierende anlocken und das Studium attraktiver machen sollen.

Kriegswirren: die Universität geht ins Exil

Durch die Zugehörigkeit zum Hause Habsburg ist die Stadt Freiburg laufend in die Kriegswirren der österreichischen Außenpolitik verwickelt. Die zahlreichen Belagerungen und Eroberungen der Stadt, bei denen auch Studenten und teilweise sogar Jesuitenpatres auf Seiten der Verteidiger mitkämpfen, haben auch ihre Auswirkungen auf die Universität. Während des 30-jährigen

Es wird mäniglichen kund vnd zu wissen gethan/ sonderlich aber jenigen auch außwertigen Elteren/ welche verlangen/ daß ihre Kinder nit nur allein in denen Studiis, welche bey diser allhiesigen uralten durchgehnd berühmten Vniversität durch alle Facultäten beständig florirt/ und annoch floriren thun/ und von Zeit zu Zeit man zu deren noch mehrern Florirung geflissen seyn werde/ sich qualificirt machen/ sondern zumahlen auch die Frantzösische Sprach neben anderen exercitiis von fechten und dantzen/ und solches alles in einen sehr geringen Preiß erlernen mögen/ wie es dann auch specificirt folget/ als nemblich:

Die vornembere Kosten die Wochen à 2 fl. 6. Batzen.

Die andere/ da man auch täglich neben einer halben Maß Wein/ mit Fleisch/ Voressen und Gebratens gespeißt wird/ à 2. fl. auch 1. fl. 12. Batzen.

Die dritte auch mit einer halben Maß Wein/ alle Tag Fleisch/ und dreymal Gebratens/ à 1. fl. 9. Batzen/ auch 1. fl. 5. Batzen.

Die vierdte deß Tags mit einem Quartal Wein/ alle Tag Fleisch/ und zweymahl Gebratens/ à 1. fl. 3. Batzen.

Die fünffte aber ohne Wein/ und doch in der Wochen 3. mahl Fleisch/ und einmahl Gebratens/ à 1. fl.

Vnd die mindiste à 13. Batzen 5. Pfenning/ oder auch 12. Batzen.

Dem Sprachmeister/ welcher von 8. biß 10. Vhren Vormittags/ und von 1. biß 3. Vhren Nachmittags offen Schul haltet/ von einem Scholaren deß Monats 9. Batzen.

Welche aber von denen übrigen Stunden eine absonderliche Stund verlangen/ geben deß Monats von einer Stund/ es seye dero einer/ zween/ drey/ vier oder mehr/ alle zumahlen mehrers nit/ als 3. fl. 9. Batzen.

Dem Dantzmeister deß Monats von einem 1. fl. 12. Batzen.

Vnd dem Fechtmeister deß Monats auch von einem 1. fl. 3. Batzen/ und dises alles allein in rauher Währung.

Zumahlen dises Orts Bequemlichkeit/ Lustbarkeit/ gesunde und frische Wasser und Lufft/ Sönderung/ vermittelst der erbauten und noch täglich erbauenden Cazernen, der Soldaten von denen Studenten/ treffliche und schöne Ordre so wol deß Tags/ als zu Nachts auff denen Gassen/ und daß sich die gantze Zeit hindurch entzwischen selbigen einige Händel und Thätlichkeiten nit erzeigt/ ohne das bekandt/ welches dann absonderlich Ihnen denen außwertigen Elteren zu Ihrem desto mehrerm Trost gereichen soll/ daß Sie Ihrer studierenden lieben Jugend halber/ ohne einige Sorg seyn und leben mögen. Freyburg im Breißgau den 3. Jan. 1688.

Auf Drängen des Stadtrates wird 1684 die nach der Eroberung durch die Franzosen geschlossene Hochschule neu eröffnet. Die Universität geht 1686 nach Konstanz ins Exil. Die verbleibende »Französische Universität Freiburg« spricht die Eltern der zukünftigen Studiosi mit einem zweisprachigen Werbeplakat (Abbildung: deutsche Fassung) an und offeriert auch weltliche Studien wie Tanz-, Reit- und Fechtunterricht sowie eine Fremdsprache, natürlich Französisch. Nach der Rückgabe Freiburgs an Österreich wird die Universität 1698 aus Konstanz nach Freiburg zurückverlegt. Die Professoren der aufgelösten französischen Hochschule müssen die Stadt verlassen.

Krieges stellt sie ihren Lehrbetrieb fast gänzlich ein. Nach dem Frieden zu Nimwegen 1678 wird Freiburg von den Franzosen besetzt. Daraufhin verlegt Kaiser Leopold I. die Universität bis auf weitere Verfügung nach Konstanz am Bodensee. Die Philosophische Fakultät und das Gymnasium jedoch bleiben in Freiburg und beteiligen sich zusammen mit französischen Professoren an der 1684 proklamierten »Universitas Regia Gallica«, während der Universitätskern in Konstanz als »Universitas Anterioris Austriae« (Vorderösterreichische Universität) firmiert. Dieses Schisma wird erst nach dem Abzug der Franzosen beendet. 1698 kommt es zur Wiedereröffnung der Albert-Universität in Freiburg. Noch einmal, während des Spanischen Erbfolgekrieges, weicht die Universität nach Konstanz aus, ohne dass es allerdings zu einer dem ersten Fall vergleichbaren Spaltung kommen wird.

18. Jahrhundert: Ende der Autonomie und Studienreform

Die Tradition eines mittelalterlichen Lehr- und Wissenschaftsbetriebes endet für die Universität in der Mitte des 18. Jahrhunderts. Der Staat Maria Theresias zerschlägt mit einer Studienreform 1752 das antiquierte Bildungssystem. Was die Freiburger Universität nicht selbst vermocht hat, wird ihr nun gegen ihren Willen aufoktroyiert. Trotz eines 15 Jahre währenden verbissenen Kampfes um ihre Autonomie und Lehrmethoden unterliegt die Universität schließlich dem Reformstreben der Kaiserin. Ihr Mitregent Joseph II. suspendiert 1767 den akademischen Senat wegen »vermessener Widersetzlichkeit«, löst die Verfassung der Universität auf und verhaftet sogar kurzzeitig den Syndicus der Universität. Der Staat nimmt der Hochschule die Vermögensverwaltung aus der Hand und setzt an Stelle des Senats ein vierköpfiges »Consistorium«. An der Spitze der Fakultäten steht nun mit Hermann von Greifenegg ein staatlich bestellter Direktor. Nur die Landesregierung hat in der Folgezeit das Recht, Professoren zu berufen oder zu ernennen.

Auch auf die Studieninhalte nimmt der absolutistische Staat Einfluss – nicht zum Nachteil der Hochschule. In allen Fakultäten

Die Studienreform der österreichischen Kaiserin Maria Theresia (1717–1780) bringt Autonomieverluste, aber auch neue Wissenschaftszweige für die Universität Freiburg.

Am Ende der durch Zwang oktroyierten Reform beweist die österreichische Kaiserin mit einem goldenen Maria Theresia-Taler dem Rektor ihre Huld. Der Taler ist Kernstück der 1767 gefertigten Amtskette des Rektors, die bis heute bei feierlichen Anlässen getragen wird.

werden neue Fächer und neue Lehrstühle eingerichtet. Auch den Lehrstoff und die Lehrbücher bestimmt der Staat. Deutsch und nicht mehr Latein ist fortan Unterrichtssprache. Um den Leistungsgedanken zu stärken, wird die Anzahl der Prüfungen erhöht. Die Professoren sollen zukünftig nicht nur aus einem Lehrbuch vorlesen, sondern verschiedene Forschungsmeinungen referieren und interpretieren. Der experimentelle Unterricht hält Einzug in den Freiburger Studienbetrieb.

Mit der Umsetzung der Studienreform ist der Machtanspruch des absolutistischen Staates manifestiert. Die Autonomie der Universität fällt dem Streben zum Opfer, aus der habsburgischen Ländervielfalt einen Gesamtstaat mit einem einheitlichen Bildungssystem zu formen. Der Rektor erhält als deutliches Symbol dieser Entwicklung um seinen Hals eine neue Amtskette mit einem goldenen Medaillon, auf dem ein Bild der Kaiserin Maria Theresia eingraviert ist.

Großherzog Ludwig sichert die Existenz der Freiburger Universität, die ihn fortan ebenfalls in ihrem Namen führt: Albert-Ludwigs-Universität.

Noch ein weiteres Opfer fordert diese Politik: 1773 wird der Jesuitenorden durch Papst Clemens XIV. aufgehoben. Die Universität erwirbt später die Gebäude und baut den Komplex für den Studienbetrieb aus. Damit ist die Universitätsreform in Freiburg abgeschlossen. Sie bedeutet einerseits einen Verlust an Autonomie, eröffnet aber andererseits der inzwischen »Albertina« titulierten Universität endlich eine zeitgemäße Ausrichtung in Forschung und Lehre.

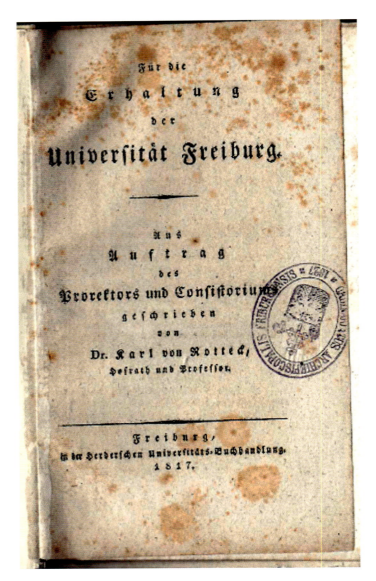

Karl von Rottecks Denkschrift (links) hat Erfolg: das »Freiburger Wochenblatt« kann den Erhalt der Freiburger Universität vermelden.

Universität in der Krise:
Großherzog Ludwig sichert den Fortbestand

Das 19. Jahrhundert wirft für die Universität mit dem Übergang der vorderösterreichischen Landesteile und damit auch Freiburgs an das neugegründete Land Baden (1805) neue Gefahren auf. Neben dem wie die Herrscherfamilie protestantischen Heidelberg hat es die zweite Hochschule in dem kleinen Land schwer und muss um ihr Überleben kämpfen. In dieser Situation kommt der Universität ihr Vermögen zugute, das – trotz der verlorenen Pfründe im Elsass und in Oberschwaben – noch beträchtlich ist und so die Staatskasse entlasten kann.

Karl von Rotteck, der berühmte Staatsrechtler und damals Ordinarius für Staatswissenschaften und Naturrecht an der Albertina, begründet in einer Denkschrift die Notwendigkeit des Fortbestehens zunächst mit diesen wirtschaftlichen Argumenten (»Die Zuflüsse vielen fremden Geldes … sind barer Gewinn für den Staat«), aber auch mit der konfessionellen Unterschiedlichkeit der beiden badischen Universitäten (»muss unsere Universität als eine fromme Stiftung für eine heilige und unantastbare Sache geachtet werden«). Die Bemühungen haben Erfolg: 1818 garantiert Großherzog Ludwig I. von Baden den Fortbestand der Freiburger Hochschule.

Der Festzug zum 400. Jubiläum der Freiburger Universität im Jahr 1857 wird mit Böllerschüssen eröffnet und führt vom Kollegiengebäude zum Münster.

Nach 1815 droht die Auflösung der Universität Freiburg, da eine zweite Universität neben Heidelberg dem kleinen badischen Staat zu teuer wird. Karl von Rotteck, Freiburger Hochschullehrer und einer der führenden Liberalen im deutschen Südwesten, verfasst eine Denkschrift zur Verteidigung der Universität und betont ihren katholisch-konfessionellen Charakter gegenüber dem evangelischen Heidelberg.

Und noch einen Erfolg kann man feiern: Zwei Jahre später bewilligt der badische Landtag einen ständigen jährlichen Landeszuschuss aus der Staatskasse in Höhe von 15.000 Gulden, der nun 30 Prozent der Einnahmen der Universität ausmacht. Dieses eigene Budget bringt der Freiburger Universität zusätzlich finanzielle Sicherheit. Aus Dankbarkeit stellt sie den Namen des Großherzogs neben den des Gründers und nennt sich fortan: »Albert-Ludwigs-Universität«.

Die Freude über diese Festschreibung zweier Universitäten in der badischen Verfassung wird allerdings bald getrübt. Die Zeit des Vormärz führt auch in Freiburg immer wieder zu Kontroversen mit der restaurativ eingestellten Karlsruher Regierung. Freiburger Professoren – an der Spitze Karl von Rotteck und Karl Theodor Welcker – sprechen sich gegen eine Pressezensur (»Preßgesetz«) aus. Im Juli 1832 kommt es zur Ausschreitung von Studenten vor der Hauptwache am Münsterplatz. Daraufhin verordnet die badische Regierung die Schließung der Universität.

Auch in dieser Situation zeigt sich die enge Verbundenheit

von Stadt und Universität. Eine Abordnung des Freiburger Gemeinderates spricht in Karlsruhe vor und kehrt unter dem Jubel der Freiburger Bevölkerung mit der Zusicherung des Landesherrn, die Hochschule werde wiedereröffnet, zurück. Allerdings ist damit eine Neuorganisation der Universitätsverwaltung verbunden. Von nun an übernimmt ein akademischer »Senat« die Kontrolle. Dessen Mitglieder und der Rektor (damals »Prorektor«, da der Großherzog qua Amt Rektor ist) sowie die Verwaltungsbeamten werden von der Landesregierung bestellt.

Im Jahr 1857 feiert die Universität erstmals ihr Jubiläum. Mit Festzug, Beethovens Missa Solemnis im Münster und Fackelumzug begeht die Hochschule gemeinsam mit Delegationen fast aller deutschen Universitäten den 400. Geburtstag der Alberto-Ludoviciana.

Ist die Studienfrequenz des 18. und beginnenden 19. Jahrhunderts noch sehr dürftig, so steigt in den 70er Jahren des 19. Jahrhunderts die Zahl der Studenten sprunghaft an. Auch das Angebot an Studiengängen wird größer: Die Naturwissenschaften verlassen die viel zu klein gewordenen Gebäude im Stadtkern

Die Stadt freut sich über den unerwarteten Aufschwung der vorher weniger beachteten Universität und feiert die Immatrikulation des 1000sten bis 3000sten Studenten jeweils mit großem Aufwand: Festzüge (rechts) und Feiern wie hier am »Wasserschlössle« (links) werden veranstaltet und die Universitätsangehörigen werden bei den Jubiläen durch die Stadt bewirtet.

und siedeln sich im Institutsviertel an. Während die Studenten früherer Jahre fast ausschließlich aus dem deutschen Südwesten stammten, kommen nun viele aus dem Norden des neuen Deutschen Reiches.

Die Universität wächst und Frauen können endlich studieren

Die Gründung des Deutschen Reiches (1871) bringt der Universität einen ungeheuren Aufschwung in Forschung und Lehre. Bedenken, die Freiburger Universität könne unter der direkten Konkurrenz der 1872 neugegründeten Kaiser-Wilhelm-Universität in Straßburg leiden, sind glücklicherweise unbegründet. Durch neue Disziplinen und Neubauten für medizinische und naturwissenschaftliche Institute wächst das Lehr- und Lernangebot. Die Hochschule erwirbt sich bei Lehrenden und Studierenden den Ruf einer herausragenden, modernen und attraktiven Universität. Freiburg wird zum deutschen Zentrum in der Geschichtsforschung, in der Philosophie, der klassischen Altertumswissenschaft und der germanischen Philologie.

Diese wachsende Attraktivität spiegelt sich auch in der Anzahl der Studenten wider, die aus allen Landen nun nach Freiburg streben. Von 200 Studenten im Jahr 1870 schnellt die Zahl der Immatrikulierten auf 1000 im Jahr 1885. Die ganze Stadt feiert diesen Jubiläumsstudenten (»Millesimus«) mit einem großen Fest in der

Der 3000ste Student Walter Stegmüller wird im Jahr 1911 auf Ansichtskarten gefeiert. Als »König Zufall« darf er dann wegen der rauschhaften Auswirkungen seiner Feier auch als erster Delinquent den neuen Karzer im Uniturm einweihen.

König des Zufalls im Unglück.

Sängerhalle »mit kalten Platten, vortrefflichem Bier, schöner Musik und erhebenden Reden« und einem Festumzug.

Weitere Feste können dann 1898 zum 1500sten und 1904 zum 2000sten Studenten (links) gefeiert werden. Die Freude über den 3000sten Studenten (rechts) im Jahr 1911 ist so groß, dass er nicht nur von der Stadt eine goldene Uhr erhält, sondern auch vom Wirt des »Restaurant im Martinstor« ein ganzes Semester zum kostenlosen Mittagstisch eingeladen wird. 1929 sind zum ersten Mal 4000 Studenten an der Universität Freiburg eingeschrieben; die Feier fällt allerdings der damaligen Weltwirtschaftskrise zum Opfer. Danach stellt die Stadt Freiburg erst einmal das Feiern von wachsenden Studentenzahlen ein. Es dauert bis in die Jahre 1956 und 1961, bis der 7000ste und der 10.000ste Student wieder eine goldene Uhr aus der Hand eines Oberbürgermeisters erhält.

Im Jahr 1900 geschieht Außergewöhnliches: Nachdem mehrere Anträge abschlägig beschieden worden sind, werden die ersten Frauen an der Freiburger Universität immatrikuliert und zum Studium zugelassen. Bei einer Umfrage im Jahre 1899 äußert lediglich ein Professor für Psychiatrie grundsätzliche Bedenken. Fünf Frauen, die zunächst als Gasthörerinnen im Wintersemester 1899/1900 zugelassen worden sind, werden im Jahr 1900 im Fach Medizin immatrikuliert und ihr Gasthörersemester wird ihnen nachträglich anerkannt. Damit ist die Universität Freiburg die erste in Deutschland, die Frauen zum Studium zulässt (siehe Kapitel »Die Uni und die Frauenfrage«).

Neue Fächer, neue Gebäude: die Uni expandiert

Das starke Anwachsen der Studentenzahlen seit den 1870er Jahren fordert einen raschen Ausbau der Universität. Die »Alte Universität«, das ehemalige Jesuitenkloster, bietet längst nicht mehr genügend Platz. 1902 wird die Universitätsbibliothek (heute KG IV) im neugotischen Stil errichtet (siehe Kapitel »Die Uni und die Bücher«) und 1906 der Bau eines neuen Kollegiengebäudes (heute Kollegiengebäude I) im damals ungewohnten Jugendstil begonnen. Hier finden im Jahr 1911 die Geisteswissenschaften eine neue Heimat. Und dem zunehmenden Bedürfnis nach Freizeitaktivitäten für Studierende wird mit dem Bau einer Turn- und Fechthalle im Jahr 1894 Rechnung getragen.

Die Spezialisierung auf dem Gebiet der Naturwissenschaften und der Medizin erfordert Ende des 19. Jahrhunderts ebenfalls dringend Neubauten. Nördlich der Altstadt entsteht das »Institutsviertel« in der Zähringer Vorstadt. Nach der Anatomie (1867) ziehen in den 80er Jahren auch die Chemiker, Mathematiker und die Physiker aus dem »Alten Kollegium« am Franziskanerplatz sowie Zoologen, Physiologen und Geologen in den neuen Uni-Campus nördlich der Altstadt um.

Und auch die Mediziner brauchen mehr Platz: Schon im 18. Jahrhundert haben sie das Hospital zunächst in der Gerberau und dann in der Herrenstraße als Klinikum einbezogen. 1829 verlassen auch sie mit dem Neubau des Klinischen Hospitals in der Albertstraße die Grenzen der alten Innenstadt. Weitere Bauten entstehen für die Gynäkologie, die Augenklinik, die Chirurgie und die Psychiatrie. Doch die Ausdifferenzierung der medizinischen Fächer schreitet voran und bald sucht man nach einer Baufläche, um alle Disziplinen an einem Ort zu vereinigen. Nach dem Ersten Weltkrieg werden daher im Jahr 1926 die Pläne für den Bau eines großflächig angelegten Universitätsklinikums im Westen Freiburgs in Angriff genommen.

Im Jahr 1911 trägt die Universität der Bedeutung der vielen neuen naturwissenschaftlichen Fachrichtungen Rechnung. Eine fünfte Fakultät tritt zu den vier klassischen hinzu: die Naturwissenschaftlich-Mathematische Fakultät.

Die Expansion der Naturwissenschaften und der Medizin in das sogenannte »Institutsviertel« nördlich der Altstadt beginnt mit dem Umzug der Anatomie 1867 (oben). Es folgen viele weitere Institutsbauten und der Neubau des Krankenspitals (unten).

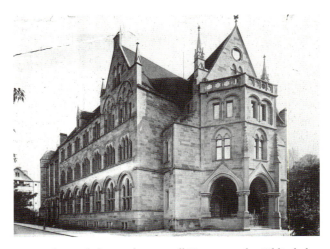

Die Studenten haben nicht generell Zugang zu der Bibliothek. Erst seit dem Jahr 1810 können sie ein Buch mit Genehmigung des Professors mit nach Hause nehmen. Der Standort der Universitätsbibliothek wechselt mehrfach. Zuvor im Gymnasium an der Bertoldstraße, wird die 1902 im neugotischen Stil errichtete Universitätsbibliothek am Werthmannplatz ihrer Bestimmung übergeben.

Neue Heimat für die Geisteswissenschaften: 1905 ist die Grundsteinlegung (rechts oben), 1911 die Einweihung des neuen Kollegiengebäudes (rechts unten) mit seinem zentralen Hörsaal, der Aula (links unten).

Studentische Verbindungen

Im Jahr 1812 wird das Korps Rhenania, die älteste der Freiburger Landsmannschaften, gegründet (Abb. rechts unten). Verbindungen und Landsmannschaften werden allerdings durch großherzoglichen Erlass zu Beginn des 19. Jahrhunderts mehrfach aufgelöst. Alle Versuche, politisch aktive burschenschaftliche Bewegungen aufzubauen, werden von den Behörden oft unnachsichtig verfolgt. Nach 1871 blüht in Freiburg das Verbindungswesen auf und ist nunmehr offiziell anerkannt. Das bei den Studenten beliebte Fechten (Abb. S. 38 rechts oben) darf in einer speziell von der Universität für diesen Sport angelegten Halle und nach einer Fechtordnung (Abb. S. 38 links) ausgeübt werden. Die Verbindungen, hier die jüdische Verbindung Ghibellina beim Pauktag im Jahr 1911 (oben links), treten bei allen öffentlichen Anlässen auf, so bei einem Festkommers um 1900 auf dem Münsterplatz (Abb. S. 38 rechts) oder bei der Rektoratsübergabe 1921 (rechts oben).

Fechtboden-Ordnung.

§ 1.

Der Fechtunterricht sowie der Contraboden darf <u>nur</u> in den dazu bestimmten Räumen abgehalten werden.

§ 2.

Der Unterricht im Fechten darf nur von dem angestellten Universitätsfechtlehrer ertheilt werden. Demselben ist gestattet, wenn seine Thätigkeit zur Ertheilung des Fechtunterrichts nicht ausreichen sollte, mit Genehmigung des akademischen Direktoriums Hilfslehrer anzustellen. Der Fechtunterricht muß von dem Fechtlehrer selbst oder von seinen Gehilfen unter seiner Aufsicht ertheilt werden. Beim Schlagen auf dem Contraboden muß stets für Aufsicht gesorgt sein. Der Fechtlehrer ist hiefür besonders verantwortlich. Ist der Fechtlehrer verhindert, so hat er dem akademischen Direktorium seinen Stellvertreter anzuzeigen.

§ 3.

Auf dem Fechtboden dürfen in einer Stunde nicht mehr als vier Theilnehmer von einem Lehrer unterrichtet werden. Wünscht Jemand Einzelunterricht zu haben, so hat er das Vierfache der in § 5 angegebenen Taxen zu entrichten.

§ 4.

Die Taxe für den Contraboden beträgt pro Semester 6 Mk. Derjenige, welcher zwei Schulkurse in einem Semester belegt hat, hat für die Dauer des laufenden Semesters den Contraboden frei.

§ 5.

I. Für den Schulunterricht im Rapierschlagen ist zu bezahlen:
1) für einen Kurs (16 Stunden) 12 Mk.
2) für das Semester täglich eine Stunde 50 Mk.

II. Für den Schulunterricht im Säbelschlagen ist für einen Kurs (16 Stunden) zu bezahlen: 20 Mk.

Zur Kontrole der Kursstunden im Falle I 1) und II hat der Fechtmeister Karten auszugeben, welche vor Beginn der Stunden coupirt werden. Diese Karten haben nur für das laufende Semester ihrer Ausstellung Giltigkeit.

§ 6.

Das in §§ 4 und 5 für den Fechtmeister bestimmte Honorar ist an die Quästur vorauszubezahlen. So lange die Zahlung nicht erfolgt ist, ist der Fechtlehrer zur Ertheilung des Fechtunterrichts nicht verpflichtet und der Besuch des Kontrabodens nicht gestattet.

Der Fechtlehrer ist berechtigt, die nicht rechtzeitig abgesagten Unterrichtsstunden anzurechnen.

§ 7.

Die Studierenden haben die Rapierklingen und den sonstigen Apparat selbst anzuschaffen.

Der Fechtlehrer hat stets sein eigenes Fechtzeug zu gebrauchen. In seiner Hand abgebrochene Klingen muß er auf seine Kosten ersetzen.

§ 8.

Der Fechtlehrer ist für genaue Befolgung dieser Vorschriften verantwortlich. Er ist gehalten, die Ordnung auf dem Fechtboden streng aufrecht zu erhalten und muß vorkommende Uebertretungen und Ordnungswidrigkeiten seitens der Studierenden sofort dem akademischen Diziplinarbeamten anzeigen.

§ 9.

Das Mitbringen von Hunden auf den Fechtboden ist untersagt.

§ 10.

Um bei den beschränkten Räumen die Benützung des Fechtbodens thunlichst vielen Studierenden zu ermöglichen, darf der Fechtboden von den einzelnen Studierenden täglich nur für eine Stunde belegt werden.

Der akademische Senat.

Die Folgen des Ersten Weltkrieges: Hunger, Kälte, Mensa

Den Ersten Weltkrieg begrüßen Studenten und Professoren mit patriotischem Eifer. Viele melden sich freiwillig zu den Waffen. Auch wissenschaftlich beteiligen sich Forscher der Universität an militärischen Aktionen. Bald wird die Kriegsbegeisterung jedoch durch die starken Verluste getrübt. 556 Universitätsangehörige sind bis Kriegsende gefallen und Luftangriffe beschädigen und zerstören Universitätsgebäude.

Bevölkerung und Studenten leiden nach Kriegsende unter materieller Not. Der Mangel an Brennstoffen und Lehrmitteln schränkt den Unterricht ein, der oft nur noch in privaten Wohnungen abgehalten werden kann. Dennoch steigen die Studentenzahlen, die bei Kriegsende auf einen Tiefstand von 2109 Studierenden gefallen sind, schnell wieder an. Im Sommersemester 1919 sind bereits wieder 3523 Studierende trotz großer Wohnungsnot immatrikuliert.

Im Jahr 1921 schlägt die Geburtsstunde der durch Staat und private Spenden geförderten »Freiburger Studentenhilfe e. V.«, einer Vorläuferin des Studierendenwerks. Mittellose bzw. in Not geratene Studierende erhalten Heizmaterial, warme Kleidung und preiswerte Mahlzeiten in der neuen »Mensa academica« im Kellergeschoss des Kollegiengebäudes. Der Essenspreis im sogenannten »Bouillonkeller« beträgt 50 Pfennige. Die von Ordensschwestern geleitete Kellermensa ist bis zum Bau der Mensa Hochallee im Jahr 1961 in Betrieb (siehe Kapitel »Die Uni und der Reisbrei«).

Bei Ausbruch des Ersten Weltkrieges meldet sich ein großer Teil der Freiburger Studenten freiwillig zu den Waffen. Bereits 1915 sind 118 Freiburger Studenten gefallen. Mit Briefen, wie dem Weihnachtsbrief des Prorektors an die Kommilitonen im Feld, versucht die Universität den Kontakt zu ihren Studierenden zu halten.

Einladung zur Mensaeröffnung im Jahr 1920

Holzabgabe durch Freiburger Forststudenten im Jahr 1930

Freiburger Bürger werden 1918 gebeten, möblierte Zimmer für zurückkehrende Studenten zur Verfügung zu stellen.

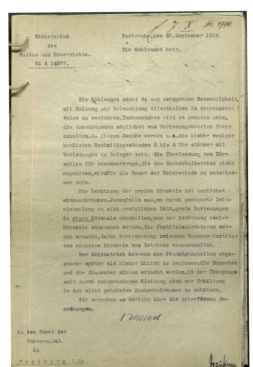

1919 schränkt das Ministerium aufgrund einer »Kohlennot« den Heizbetrieb ein.

Universität in der Zeit des Nationalsozialismus: willfährige Gleichschaltung und vereinzelter Bekennermut

Die Zeit des Nationalsozialismus gehört auch für die Freiburger Universität zu den schwärzesten Kapiteln ihrer Geschichte. Einig in der Ablehnung der Weimarer Republik, bereiten auch in Freiburg ein Großteil der nationalistisch-monarchistisch gesinnten Professorenschaft und eine zunehmend radikalere Studentenschaft den Boden für die nationalsozialistische Bewegung. Das radikale und antisemitische Auftreten der NS-Studentenschaft wird verharmlost und zunächst noch eher passiv unterstützt. 1932 ist dann nach AStA-Wahlen die Studierendenschaft fest in der Hand der Nationalsozialisten. Nach der Machtübernahme Hitlers gibt es von Seiten der Wissenschaft so gut wie keine Gegenwehr. Das Führerprinzip hält Einzug: Der Rektor wird zum »Hochschulführer« und die Studierenden von einem »Studentenführer« vertreten, der nun über die Zulassung zur Immatrikulation entscheidet.

Eine Kampagne der örtlichen NS-Zeitung und der Druck der Studentenschaft zwingen den erst eine Woche amtierenden Rektor von Möllendorff Ende April 1933 zum Rücktritt. An seine Stelle tritt mit dem Philosophen Martin Heidegger ein bereits damals bekannter und international anerkannter Wissenschaftler. Seine Rede zur Rektoratsübergabe vom 27. Mai 1933 und seine damalige zustimmende Haltung zur NS-Ideologie machen Geschichte und zeigen über die Grenzen der Stadt und Universität hinaus Wirkung. Sein Eintreten für das NS-Regime wird bis heute diskutiert, zumal er sich zwar politisch später distanziert und nach einem Jahr zurücktritt, seine philosophische Grundierung des Systems aber auch später nie in Frage stellen noch sich für seine Anbiederung als philosophischer Führer der Bewegung öffentlich entschuldigen wird.

In der Folge werden politische Studentengruppen – bis auf den NS-Studentenbund – aufgelöst. »Arbeitsdienst, Wehrdienst, Wissensdienst« (Heidegger) sind fortan die Säulen der studentischen Ausbildung. Studierende müssen zusätzlich Arbeitsdienste beim Straßenbau oder in der Krankenversorgung leisten sowie in den Semesterferien als Erntehelfer arbeiten.

Nicht zuletzt mit dem »Gesetz zur Wiederherstellung des Berufsbeamtentums« vom 7. April 1933 ist auch an der Freiburger Universität die Gleichschaltung vollzogen. Der NS-Staat kann nun gegen jüdische und politisch missliebige Hochschullehrer vorgehen. Bis 1937 werden 55 jüdische Dozenten entlassen, mehr als 14 % des Lehrkörpers. Mit der Aberkennung der deutschen Staatsbürgerschaft ist später automatisch auch die Entziehung der Doktorwürde verbunden. Insgesamt 135 Freiburger Wissenschaftlerinnen und Wissenschaftlern entzieht die Universität auf diese Weise den akademischen Grad. Auch die Lehre an der Universität degeneriert zu einem Teil des ideologischen Machtkampfes. »Rassenkunde« wird zu einem Pflichtfach, jüdische Studierende werden ausgeschlossen und sogenannte »undeutsche« Schriften aus der Bibliothek verbannt.

Sofort nach der Machtergreifung gestalten die Nationalsozialisten das Leben in Stadt und Universität nach ihren Vorstellungen um. Sie verbieten Parteien und politische Gruppen, entheben Andersdenkende und Juden ihrer Posten, entrechten und verfolgen sie. In Behörden, Betrieben und an der Universität wird das »Führerprinzip« eingeführt. Zur Umgestaltung an der Hochschule gehört die Einführung politischer Schulungen, neuer Pflichtfächer wie Sport, Rassen- und Wehrkunde und von Arbeitseinsätzen.

Martin Heidegger hält die Rede »Die Selbstbehauptung der deutschen Universität« zu seinem Amtsantritt am 27. Mai 1933.

Feier zur Ernennung des Reichsinnenministers Wilhelm Frick zum Ehrensenator 1940 in der Aula

Vom April 1933 bis zum Inkrafttreten des »Gesetzes gegen Überfüllung der Hochschulen« gilt an der Universität Freiburg eine Aufnahmesperre für Juden. Das Gesetz beschränkt den Anteil jüdischer Studenten auf 3 % der gesamten Studentenschaft und 1,5 % der Neuimmatrikulierten. Ein von seinem Vorgänger ernannter und von der Reichsstudentenführung bestätigter Studentenführer steht an der Spitze der örtlichen Studentenschaft, der alle deutschen Studenten zwangsweise angehören. Er leitet die Überprüfung der Studenten hinsichtlich ihrer Abstammung und ihrer Pflichterfüllung bei Arbeitsdienst, Wehrsport und anderen Fächern. Die meisten jüdischen Studenten brechen ihr Studium in Freiburg ab, der letzte »Volljude« muss im November 1938 (nach den Novemberpogromen) die Hochschule verlassen. Pflichtvorlesungen in Rassen-, Wehr- und Volkstumskunde sollen den Studenten die »wissenschaftlichen« Grundlagen des Nationalsozialismus näherbringen. Den Juden werden schließlich alle akademischen Titel aberkannt.

Die Teilnahme an Gelände- und Wehrsportveranstaltungen des SA-Hochschulamtes ist für alle Studenten Pflicht. Studentinnen müssen Kurse im Kleinkalibergewehrschießen belegen. In den Ferien müssen die Studenten in der Landwirtschaft oder der Fabrik arbeiten und während des Semesters regelmäßig an Sportkursen und politischen Schulungen teilnehmen. Wenn es darum ging, Kontakte zwischen Ariern und Juden zu unterbinden, lassen die Nationalsozialisten kein Argument gelten. Der Leidensweg der jüdischen Bevölkerung Freiburgs gleicht dem der Juden im gesamten Einflussbereich der Nazis. Anfang des Jahres 1942 ist ein Teil der Freiburger Juden bereits in Konzentrationslager deportiert.

Die Universität setzt dieser Entwicklung kaum Protest entgegen. Die Opposition innerhalb der Freiburger Universität ist schwach und meist christlich motiviert. Neben Zirkeln von Studenten und Assistenten sind auch Gruppierungen von zumeist konfessionell ausgerichteten Dozenten (»Freiburger Kreis«) aktiv, denen unter anderen der Historiker Gerhard Ritter, der Jurist Erik Wolf sowie die Nationalökonomen Walter Eucken, Constantin von Dietze und Adolf Lampe angehören, die bereits Pläne für eine

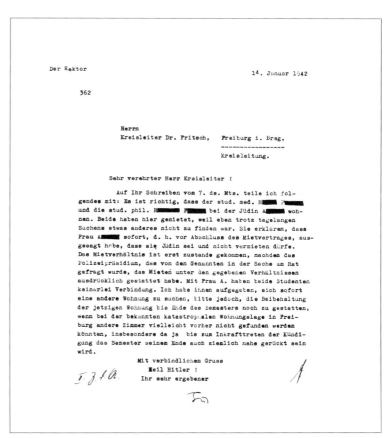

Briefwechsel zur Untermiete von Studierenden bei einer jüdischen Freiburger Bürgerin im Jahr 1942, also zu einem Zeitpunkt, an dem bereits viele jüdische Mitbürger in Konzentrationslager verschleppt worden waren

künftige deutsche Wirtschaftsordnung entwerfen. Auch der Pathologe Franz Büchner durchbricht mit einem Vortrag gegen die »Vernichtung unwerten Lebens« die Mauer des Schweigens innerhalb der Universität.

Die Mehrheit der zumeist rechtskonservativ eingestellten Universitätslehrer verhält sich passiv. Die meisten Studenten feiern den Nationalsozialismus und ihren »Führer« begeistert.

Viele Studierende, Lehrende und Mitarbeiter werden in diesen Jahren aus rassistischen oder politischen Gründen verleumdet und verfolgt. Sie verlieren ihren akademischen Grad, ihre Arbeit und in vielen Fällen auch ihr Leben. Auch über die Beteiligung von Ärzten an medizinischen Experimenten in der Druckkammer der medizinischen Klinik wird berichtet. Vor allem im Klinikum werden in den Kriegsjahren Zwangsarbeiter eingesetzt.

Widerstand gegen Hitler formiert sich an der Freiburger Universität in kleinen Zirkeln von Professoren und einem studentischen Ableger der »Weißen Rose«. Der sogenannte »Freiburger Kreis« versammelt Freiburger Professoren, die während des Nazi-Regimes in einem zunächst rein akademischen Zirkel Gedanken für eine bessere Welt nach Hitler entwickeln. Es sind evangelische Theologen, Juristen, Historiker wie Gerhard Ritter oder Nationalökonomen wie Adolf Lampe, Constantin von Dietze und Walter Eucken (von links). Euckens Denkschrift für eine neue Wirtschaftsordnung bildet eine wichtige Grundlage für die Währungsreform in den Nachkriegsjahren, die ihrerseits die ökonomische Basis für die damalige politische Neuordnung ist.

Die Universität hat in zahlreichen Publikationen ihre Verstrickung in die Verbrechen des Nationalsozialismus aufgearbeitet und dokumentiert. Sie erinnert an diese schändliche Zeit und die Opfer des Nationalsozialismus mit einem Denkmal des Kölner Künstlers Marcel Odenbach im Foyer des Kollegiengebäudes I (Abb. oben rechts) und in einer eigenen Abteilung im Uniseum Freiburg.

Zerstörung und Wiederaufbau

Der Zweite Weltkrieg bedeutet einen jähen Einschnitt in der Geschichte von Universität und Stadt. Bombenangriffe zwischen Oktober 1943 und März 1945 zerstören zahlreiche Wohnhäuser. 2800 Menschenleben fallen allein in der Nacht des 27. November

1944 einem Fliegerangriff zum Opfer. 20 Minuten dauert der Angriff; mehr als 14.000 Bomben zerstören 80 Prozent des Baubestandes der Altstadt und auch angrenzende Wohngebiete liegen in Trümmern. Nur das Münster entgeht dem Inferno – für die Freiburger Bürger ein Zeichen der Hoffnung inmitten von Verwüstung und Leid.

Die Universitätskirche und große Teile der Universität und des Universitätsklinikums sinken in Schutt und Asche. 124 Bombentreffer bringen den Klinikbetrieb zum Erliegen. Auch in der Universität sind 80 Prozent der Gebäude vernichtet.

Der Rektor schreibt am 15. Dezember 1944 an das Unterrichtsministerium: »Die Philosophische Fakultät ist derart getroffen, dass es zweifelhaft ist, ob sie ihren Betrieb in Freiburg weiterführen kann ... Die Seminarbibliotheken sind gerettet; sie waren alle schon vor dem Angriff in Kellerräumen untergebracht worden. Das Anwesen in der Bertoldstraße 14 mit dem Kunstwissenschaftlichen, Musikwissenschaftlichen und Archäologischen Institut ist vollständig zerstört, nur noch ein Trümmerhaufen. Trotzdem wird der Unterricht weitergeführt werden, sobald sich hierzu in Freiburg im Breisgau oder auswärts Gelegenheit findet ... Die Medizinische Fakultät ist am schwersten getroffen worden.

Nach einem Brand im Jahr 1934 wird das Kollegiengebäude I aufgestockt. Neben der Inschrift »Die Wahrheit wird euch frei machen« aus dem Johannesevangelium (Joh 8,32) »ziert« nun das nationalsozialistische Hoheitszeichen und die Widmung »Dem ewigen Deutschtum« das 1936 renovierte Bauwerk.

Zerstörte Innenstadt und Institutsviertel Albertstraße

Universitätsklinikum

Die Institute und Kliniken in der Albertstraße, Rheinstraße, Katharinenstraße usw. sind restlos vernichtet. Ein Teil der Kliniken ... wird am Rande der Stadt in Ausweichkliniken weitergeführt ... Die Theologische Fakultät hat alle ihre Räume verloren ... Die Naturwissenschaftlich-Mathematische Fakultät ist neben der Medizinischen Fakultät am schwersten getroffen. Ihre Institute waren in der Hauptsache in dem vom Terrorangriff betroffenen Gebiet untergebracht und sind zum allergrößten Teil zerstört«.

Studentisches Leben nach dem Krieg: Trümmerarbeit, Studentenhilfe und Theater

Der Wiederaufbau geht anfangs sehr zögernd voran. Mit dem persönlichen Einsatz von Angestellten, Dozierenden und Studierenden können die meisten Gebäude nach und nach wiedererrichtet werden. Studierende werden in den Anfangsjahren zu 56 Arbeitsstunden pro Semester verpflichtet; sie erhalten dafür 0,70 Reichs-

Obwohl große Teile der Universität zerstört sind, wird, wo es geht, der Lehrbetrieb fortgesetzt. Studierende und Beschäftigte sind zur Trümmerbeseitigung eingesetzt; in der Mensa gibt es Kaffee aus Eicheln.

mark Stundenlohn. Um die Wohnungsvermittlung und Essensversorgung kümmert sich die 1946 neugegründete »Freiburger Studentenhilfe e. V.«, das spätere Studierendenwerk Freiburg. Die Studenten zahlen einen Solidarbeitrag von 4 Reichsmark pro Semester.

Zunächst werden die Kliniken wiederaufgebaut. Schon 1947 ist die Kinderklinik fertiggestellt. Der Wiederaufbau der Kernuniversität beginnt im Jahr 1946. Bis 1950 stehen die Kollegiengebäude wieder. Trotz Hunger und Wohnungsnot wird der Lehrbetrieb bereits zum Wintersemester 1945/46 wieder aufgenommen – meist in Notunterkünften.

Die französische Besatzungsmacht genehmigt 1946 studentische Gruppierungen an der Albert-Ludwigs-Universität, darunter den AStA. An der Universität sind nun 2355 Studierende eingeschrieben. Mit »The Great God Brown« spielt die »Englische Studentenbühne« – heute »ManiACTs« – im Wintersemester 1946/47 ihr erstes Stück. 1949 studieren bereits wieder 3423 Studierende an der Freiburger Hochschule.

Das hat man zuvor und danach selten gesehen: Anfang 1952 gehen Studenten und Bürger gemeinsam auf die Straße und demonstrieren gegen den Auftritt des Regisseurs Veit Harlan bei der Aufführung seines Filmes »Hanna Amon«. Harlan hatte NS-Propagandafilme gedreht. Die Polizei geht gegen die Demonstranten vor, während sich Professoren, Parteien, Politiker und Gewerkschaften auf die Seite der Demonstranten stellen. Mit Erfolg: Am 11. Januar wurde die Aufführung des Harlan-Films untersagt.

Im folgenden Jahr kann die Universität jubeln: Professor Hermann Staudinger erhält für seine Arbeiten auf dem Gebiet der Makromolekularen Chemie den Nobelpreis für Chemie.

500-jähriges Jubiläum: die Uni feiert

Im Jahr 1957 feiert sich die Universität selbst: Das 500-jährige Jubiläum der Hochschule gipfelt in einer Festwoche. Der »Tag der Universität« beginnt mit einem Festakt in der Stadthalle mit Ansprache des Bundespräsidenten Theodor Heuss sowie zahl-

Die Uni tanzt: Im Jahr 1957 feiert die Universität ihr vielbeachtetes 500-jähriges Jubiläum. Ehrengäste aus der ganzen Welt, darunter Bundespräsident Heuss, nehmen an den Feierlichkeiten teil. Der Festzug, an der Spitze der Senat der Universität, führt zur Stadthalle (rechts oben). Die Grundsteinlegung für das neue Kollegiengebäude II (rechts unten) ist ebenfalls Teil des offiziellen, mehrtägigen Programms.

Aus den Trümmern wächst eine neue Universität, die mitten in der Stadt bleibt. Auf sieben Campus-Bereiche sind die Neubauten verteilt, die in den 50er bis 70er Jahren entstehen. Oben das neue Kollegiengebäude (KG) II, das heute bereits unter Denkmalschutz steht, und rechts die »neue« Universitätsbibliothek aus dem Jahr 1978, die nur wenige Jahrzehnte Bestand haben und 2015 bereits durch einen Neubau ersetzt werden wird.

reichen Rektoren aus dem In- und Ausland und anschließendem Zug der Talar tragenden Professoren ins Unizentrum. Am Nachmittag folgt die Grundsteinlegung zum neuen Kollegiengebäude II und am Abend ein Fackelzug der Studierenden zum Münsterplatz sowie ein abschließendes Feuerwerk am Schlossberg. Es folgen zwei »Tage der Fakultäten«, darunter ein »Tag der Studenten« und ein Vortrag Martin Heideggers, der sechs Jahre zuvor mit seiner Emeritierung seine entzogene Lehrbefugnis wieder erhalten hatte. Zahlreiche Rahmenveranstaltungen wie der Auftritt des Studenten-Kabaretts »Das trojanische Pferdchen« unter dem Titel: »Gut Ding will Keile haben« sowie Ausstellungen, Konzerte und Fachtagungen runden das Programm ab.

Der »Herder-Bau« wird zum Großteil vom Land Baden-Württemberg erworben und der Universität zur Verfügung gestellt. Mit einer spektakulären Glasüberdachung seines Innenhofes beherbergt er die Umweltwissenschaften und die Archäologische Schausammlung

Das elfgeschossige Hochhaus und der dreigeschossige Flachbau der Chemie haben eine Nutzfläche von rd. 10.000m². Das Ende der 60er Jahre errichtete Chemie-Hochhaus wird im Jahr 2012 aufwändig grundsaniert; die Kosten der mehrjährigen Sanierung bei laufendem Betrieb betragen 48 Mio Euro.

Die Uni breitet sich weiter aus, bleibt aber in der Stadt

Von ihrer Gründung bis ins Jahr 1944 hat sich das Universitätsgebiet um das 424-fache auf 423.700 Quadratmeter vergrößert. Doch der Geländebedarf der Universität ist weiter angewachsen. Nachdem Pläne, die gesamte Universität als Campus im Grünen vor den Toren der Stadt anzusiedeln, glücklicherweise aufgegeben werden, formt man die drei großen Universitätsbereiche neu. Denn es geht bereits damals nicht mehr nur um einen Wiederaufbau, sondern um das Wachstum der Universität in der Fläche, in Bauten und beim Personal – bis heute ein Grundproblem der Freiburger Hochschule.

Horst Linde, der Leiter des neu gegründeten Universitätsbaubüros, schreibt 1949 in einer Denkschrift: »Unabhängig davon ist heute schon zu sehen, dass die Universität infolge ihres inneren Wachstums in Geländeschwierigkeiten und damit in eine Krise geraten wird.«

Campus Universitätszentrum

Man bleibt also in der Stadt: In Verhandlungen mit Rathaus und Land kann durch einen großzügigen Geländetausch und durch Grundstückserwerb an den alten Standorten Raum für die Neugestaltung und Weiterentwicklung der Universität geschaffen werden. Das Gelände für die geisteswissenschaftlichen Fakultäten im Campus »Universitätszentrum« reicht nun vom Gebäude der Alten Universität, dem ehemaligen Jesuitenkloster an der Bertoldstraße, über den historischen Peterhof, der wiedererrichtet wird, bis zur Hochallee der ehemals Vauban'schen Festung, auf der 1956 eine Mensa gebaut wird. Auf diesem Areal entsteht 1961 das Kollegiengebäude II, dessen Grundstein anlässlich der 500-Jahrfeier der Universität im Jahr 1957 gelegt worden ist.

Zu diesem Zeitpunkt erstreckt sich die Hochschule bereits über ein Gelände von 542.000 Quadratmetern. Und auch das ist zu wenig. Neue Wissenschaftsgebiete, wachsende Studenten- und vor allem auch Studentinnenzahlen sowie ein zunehmender Bedarf an Labor- und Klinikflächen fordern ihren Tribut. Die Übernahme des Gebäudes des Zentralgefängnisses (im Volksmund »Café Fünfeck«) scheitert 1961 am Widerspruch der Umlandgemeinden, die gegen einen Gefängnisstandort in der Region protestieren. 1963 kommt eine Raumbedarfsanalyse von Hochbauamt und Wiederaufbaubüro zu dem Schluss: »Die Universität muss verdoppelt werden.« Neue Baugebiete wie der Landesteil des Flugplatzgeländes werden bereits damals für die Universität eingefordert.

1969 kann das Kollegiengebäude III in zeittypischer Betonbauweise bezogen werden. Für die zu eng gewordene »Alte Universitätsbibliothek« entsteht 1978 die neue moderne Bibliothek, die durch einen Fußgängersteg mit dem KG I verbunden ist. Die Alte Bibliothek wird 1985 nach siebenjähriger Bauzeit zum Kollegiengebäude IV umgebaut. Der neuen UB ist allerdings nur ein kurzes Bauleben von 37 Jahren beschieden. Asbestfunde in den Decken und ausufernde Klimakosten sorgen für den Abriss und im Jahr 2015 für einen futuristisch anmutenden Neubau mit einem völlig neuen Bibliothekskonzept – trotz baulichen Anfangsproblemen ein architektonischer Meilenstein in der eher biederen Nachkriegsarchitektur der Stadt Freiburg.

Im Jahr 1989 können mit dem renovierten barocken Haus »Zur lieben Hand« in der Löwenstraße und 2004 mit dem Umbau des historischen Peterhofkellers zwei Orte der Begegnung für die Universität eingeweiht werden.

Mit Bauten für die Geowissenschaften und geisteswissenschaftlichen Institute weitet sich das Universitätszentrum in Richtung Hauptbahnhof weiter aus. Und die in der Alten Uni beheimateten Forstwissenschaften finden ab 1991 in zwei Gebäudeflügeln des Herder-Verlags im Norden ein neues Domizil. Noch ist ein Ende dieser Entwicklung im Universitätszentrum nicht abzusehen.

Der Botanische Garten der Universität

Campus Institutsviertel

Von den in den ersten zwei Jahrzehnten für den Wiederaufbau zur Verfügung gestellten 210 Millionen DM geht ein wesentlicher Teil in das ebenfalls stark zerstörte sogenannte »Institutsviertel«. Heute bildet dieses durchgrünte Viertel einen eigenen Campus nördlich der Altstadt. Alte Bausubstanz des 19. Jahrhunderts hat sich mit modernen Neubauten der Nachkriegszeit vereint. Die in einem Parkgelände gruppierten Gebäude beherbergen Laboratorien, Arbeitsräume und Hörsäle der Fakultäten für Physik, Mathematik, Chemie und Pharmazie, Biologie, Geowissenschaften und Institute der theoretischen Medizin sowie das Rechenzentrum und die Mensa II. Viele der in der Nachkriegszeit entstandenen Gebäude stehen bereits unter Denkmalschutz.

Mit dem Neubau des »Signalhauses Freiburg« hat der Exzellenzcluster BIOSS im Jahr 2012 ein eigenes Gebäude für die Signalforschung und die Synthetische Biologie erhalten.

Der jüngste Campus in einem ehemaligen Lazarettgebäude der französischen Streitkräfte beherbergt in der Engelbergerstraße das Institut für Psychologie und ein Studentenwohnheim.

Das Universitätsklinikum bietet seinen Patientinnen und Patienten herausragende Medizin in einem schön angelegten Parkgelände.

Campus Biologicum

Der Campus »Biologicum« besteht aus dem Botanischen Garten, dem 1968 bezogenen Gebäude der Biologischen Institute II und III an der Schänzlestraße, dem 1997 errichteten Neubau des Biologischen Instituts I (Zoologie) an der Hauptstraße, das auch die Zoologische Schausammlung beherbergt, sowie dem Signalhaus des Exzellenzclusters BIOSS.

Nach der Zerstörung 1944 wird auch der im Jahr 1620 gegründete Botanische Garten an der Schänzlestraße wiederaufgebaut und seit 1960 völlig umgestaltet. Mit seinen Baum- und Pflanzenlehrgärten sowie zwei großen Schaugewächshäusern ist der Botanische Garten der Universität auch ein beliebter Treffpunkt für die Freiburger Bevölkerung.

Campus Universitätsklinikum

Auch im stark zerstörten Universitätsklinikum beginnen nach Kriegsende die Wiederaufbauarbeiten. 1947 ist die Kinderklinik fertiggestellt, 1948 die Chirurgische Klinik wiedererstanden, 1950 die Medizinische Klinik und 1953 die Frauenklinik. In der Folgezeit erweitert man die Planungen nach den Bedürfnissen der Zeit. Ein Verwaltungsgebäude (1952), die Neurochirurgische Klinik (1955), die Tuberkulose-Klinik (1957) und die Zahn- und Kieferklinik (1959) erweitern das Areal des Universitätsklinikums beträchtlich.

Schwestern-, Personal- und Ärztehäuser werden ebenfalls in den 60er Jahren fertiggestellt, denn schon damals ist Klinikpersonal knapp und muss mit günstigem Wohnraum angelockt werden. 1964 kommt die HNO- und Augen-Klinik hinzu. Bis heute sind die meisten Gebäude immer weiter um- und ausgebaut worden. 1986 wird das neue Chirurgiezentrum eingeweiht. Der Neubau eines großen Neurozentrums folgt 1991. Im Norden der Stadt an der Hauptstraße liegen die Hautklinik und die Psychiatrische Klinik, die 1989 um die Gebäude der »Alten Diakonie« erweitert wird.

Im Osten Freiburgs liegen die Sportanlagen der Universität mit einem eigenen Leichtathletikstadion, Übungsplätzen, Fitness-Studio und Institutsgebäuden.

Campus Engelbergerstraße

Ein weiterer kleiner Uni-Campus ist das Areal der Psychologie in der Engelbergerstraße. Das Fach ist im Laufe seiner Geschichte immer wieder an neuen Standorten untergebracht: in einer Privatwohnung, im Kollegiengebäude I, in der Alten Universität, im Peterhof, in der Belfortstraße und schließlich mit fast allen Fachbereichen an einem Ort in der Engelbergerstraße. Auch hier profitiert die Universität vom Abzug der französischen Besatzungsmacht, als sie das ehemalige französische Spitalgelände mit einem Klinikbau aus dem Jahr 1951 und älteren Gebäuden der um 1875 erbauten und bis 1940 betriebenen ehemaligen Kreispflegeanstalt übernimmt.

Campus Sportuni

Im Osten der Stadt, inmitten des Dreisamtals, liegen die Universitätssportanlagen. Moderne Sporthallen, Trainings-, Forschungs- und Lehrräume gruppieren sich um die waldgesäumte, 1978 erneuerte Anlage des inzwischen auf den Zuschauerplätzen etwas in die Jahre gekommenen Universitätsstadions. Neue Sporthallen wie der Olympiastützpunkt entstehen im Bereich dieser »Sport-Uni«, bestehende werden saniert. Und 1995 kommt ein eigenes Tenniszentrum mit 9 Außenplätzen sowie einem attraktiven Clubheim hinzu. Mehr als 80 Sportarten bietet der Allgemeine Hochschulsport für Studierende und Universitätsangehörige.

Unibesitz in der Region: Wald, See, Mühle, Wein

Die geographische Ausbreitung der Albert-Ludwigs-Universität durch Besitztümer, die ihr im Laufe der Geschichte durch Stiftungen zugeflossen sind, hat jedoch schon vor vielen Jahren die Stadtgrenze übersprungen. Zur Universität gehören Rebhänge im Markgräflerland, die einen hervorragenden, durch die Winzergenossenschaft Ebringen ausgebauten Universitätswein hervorbringen. Aber auch große Waldungen sowie ein See, ein Bio-Bauernhof und eine Mühle in Hinterzarten im Schwarzwald sind in ihrem Besitz.

Von den vielen Besitzungen aus der Gründerzeit, durch die sich die Alberto Ludoviciana einst finanziert hat, ist nichts mehr übriggeblieben. Auch auf ihr bis vor wenigen Jahren für die Gemeinden Burkheim und Jechtingen noch gültiges Patronatsrecht, die dortigen Pfarrer einzusetzen, hat die Universität mittlerweile freiwillig verzichtet – vielleicht auch aus Mangel an Bewerbern.

Durch Stiftungen erhält die Universität zahlreiche Ländereien und Häuser, darunter auch einen Biobauernhof mit historischer Mühle (Abb. links) im Schwarzwald sowie eine Geigensammlung (rechts unten). Beliebt bei Studierenden ist das als Fachschaftshaus bekannte »Uni-Haus Schauinsland« (Abb. oben), das viele Fakultäten für Exkursionen nutzen.

Zwischen »Sit-In« und »Go-In«:
Proteste, Streiks, Besetzungen in den 60er und 70er Jahren

Die 50er Jahre sind vom Wiederaufbau geprägt. Eine Entnazifizierung der Universität findet praktisch kaum statt. Man will damals nur eines: »Keine Experimente!« Mit diesem Motto kann man (schon) damals Wahlen gewinnen.

In den 60er Jahren wird der »Bildungsnotstand« ausgerufen und die Bildungspolitik ist wenigstens für einige Jahre ein zentrales Thema. Hochschulbildung soll nicht nur einigen wenigen offenstehen. Um 1950 studieren nur vier Prozent der Jugendlichen. Das soll sich ändern und auch Freiburger Studenten ergreifen hier die Initiative. Unter dem Motto »Student aufs Land« versuchen Freiburger Studenten im Wintersemester 1965/66 der Landbevölkerung in Vorträgen vor Ort ein Studium für ihre Kinder schmackhaft zu machen – und zwar »in schlichten Worten«, wie es in der Badischen Zeitung vom 13.11.1965 heißt.

»Student aufs Land«: Vortrag eines Freiburger Studenten im Jahre 1965 in Yach im Elztal

Danach rollt eine Bildungslawine auf die Freiburger Hochschule zu. Von 1954 bis 1969 erhöht sich die Studierendenzahl von 4500 auf 12.000. Und knapp 20 Jahre später kann sie 1984 bereits den 22.000sten Studenten begrüßen. Das »Wirtschaftswunder« beflügelt die Industrie und die braucht gut ausgebildete Fachleute.

Entsprechend diversifizieren sich die Fächer und der Lehrkörper und auch die Zahl der Verwaltungsmitarbeiter wächst rasch an. Gerade der sogenannte »Mittelbau«, also Assistenten, Lektoren und Akademische Räte, die es vorher kaum gegeben hat, werden neu eingestellt und auch für die Lehre verpflichtet.

Allerdings wird dadurch die Universität gerade für die Studierenden auch unübersichtlicher und unpersönlicher. Man ist in der »Massenuniversität« inzwischen weniger Teil der Universität oder einer Fakultät als eines Instituts oder Fachbereichs. Studierende werden im Fachjargon der Bildungspolitiker zur »Überlast«. Daran soll sich bis zur Jahrtausendwende kaum etwas ändern.

Als Reaktion auf die Überfüllung und oft schlichten Lehrmethoden, aber auch auf Wohnungsnot oder politische Entwicklungen wie beispielsweise der Krieg in Vietnam sind die 60er und

Promotionsfeier 1967: Der frischgebackene Doktor der Botanik wird von seinen Kollegen auf einem Wagen durch die Stadt in Richtung Botanisches Institut gezogen.

Streik vor der Mensa, 1961

Schon damals: Schlange stehen vor Mensa I

70er Jahre auch in Freiburg geprägt von Streiks, Flugblattaktionen, Diskussionen, Besetzungen von Rektoraten oder Hörsälen bis hin zu Hausbesetzungen.

Gedenken Professoren und Studenten im Jahr 1967 in einer Trauerfeier noch gemeinsam des erschossenen Kommilitonen Benno Ohnesorg, so verschärfen sich in den folgenden Monaten die Auseinandersetzungen innerhalb der Universität. Erste Protestaktionen, zum Beispiel für ein Ausbildungsförderungsgesetz, finden noch eine schwache Beteiligung. Im November 1967 nehmen dann fast 200 Studenten an einem damals neuartigen »sit-in« zum Protest »gegen Konsumzwang und die hohen Preise in der Cafeteria« in der Alten Universität teil.

1968 eskalieren die Ereignisse: Demonstrationen in der Freiburger Innenstadt gegen die Notstandsgesetze und vor allem gegen eine Erhöhung der Straßenbahn- und Omnibustarife unter Führung des Sozialistischen Deutschen Studentenbunds (SDS) legen den Verkehr lahm und führen zu gewaltsamen Auseinandersetzungen mit der Polizei, die erstmals den damals neuartigen »Landes-Wasserwerfer« zum Einsatz bringt. Hervorzuheben ist, dass ausgerechnet die Freiburger Polizei einen – für den Geschmack mancher Landespolitiker – zu liberalen und defensiven Kurs des Abwägens und des Dialogs mit den Führern der Studentenschaft einschlägt.

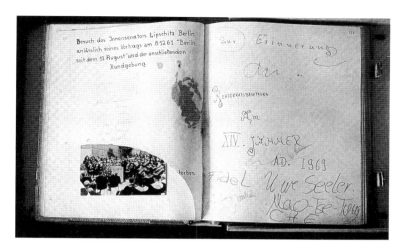

Am 14. Januar 1969 besetzen Studenten das Rektorat im neuen Kollegiengebäude III. Unter dem Qualm der Besucherzigarren des Rektors führt man das heute im Uniseum ausgestellte »Goldene Buch« der Universität einer recht unappetitlichen Zweckentfremdung zu und protestiert mit der Aktion gegen die »systematisch betriebene Unterdrückung der politischen Studentenbewegung und der akademischen Freiheit«.

Bereits im Januar 1968 hat Rudi Dutschke seinen großen Auftritt in Freiburg: Vor der Stadthalle, in der die FDP ihren Parteitag hielt, verfolgen 3000 Studenten auf dem Alten Messplatz sowie einige FDP-Delegierte auf dem Dach der Stadthalle eine Diskussion des eingeflogenen Dutschke mit Professor Ralf Dahrendorf, beide auf dem Dach eines Volkswagens sitzend.

Diskussionsveranstaltungen, Protestaktionen und außeruniversitäre Aktivitäten, beispielsweise die Forderung nach Absetzung des amerikanischen Films »Die grünen Teufel« im Kino Friedrichsbau, sorgen – je nach Lage und Einstellung – für begeisterte Solidarisierung oder strikte Ablehnung.

Ein zentraler, sehr umkämpfter Punkt ist die Diskussion und Abstimmung zu einer neuen Grundordnung der Universität – teilweise sogar unter Polizeischutz. Auf der einen Seite die Verteidiger der alten »Ordinarienuniversität«, auf der anderen engagierte, zum geringen Teil auch gewaltbereite Studierende, die für ein größeres Partizipationsrecht der Studentenschaft und neue Lehr- und Lernformen kämpfen. Am Ende wird die »Gruppenuniversität« in der Verfassung festgeschrieben. Das heißt, dass zukünftig alle Gruppen: Professoren, wissenschaftliche Mitarbeiter, nichtwissenschaftliches Personal und Studierende in den universitären Gremien vertreten sind. Und nebenbei wird auch die Neugliederung der bislang fünf großen Fakultäten in 14 kleinere sowie die Verlängerung der Amtszeit der Rektoren von einem auf vier Jahre beschlossen.

Es folgen in diesem Jahr noch zahlreiche »Go-Ins«, also Sprengungen von Lehrveranstaltungen. Dann kühlt die Bewegung zusehends ab. Auf den heißen Sommer folgt, wie Rektor Boesch die Studierenden dringend bittet, ein »Winter der Vernunft«. Die Selbstauflösung des SDS und eine Strafamnestie der Bundesregierung schwächt die Bewegung deutlich ab. Von nun an konzentriert sich der Protest politischer Basisgruppen, vor allem gegen die Wohnungsnot, bis in die 80er Jahre hinein auf außeruniversitäre Bereiche. Besetzungen des »Dreisamecks« und »Schwarzwaldhofs« und damit verbundener Randale in den Geschäften der Innenstadt sorgen in Freiburg teilweise für eine Solidarisierung auf der einen und wütende Ablehnung auf der anderen Seite.

Demonstrationen 1968 in der Freiburger Innenstadt gegen Notstandsgesetze und Erhöhung der Straßenbahnpreise beantwortet die Polizei mit dem Einsatz des damals neu beschafften »Landes-Wasserwerfers«.

AStA-Raum im Jahr 1969 mit Wandtext frei nach Marx: »Die Philosophen haben die Welt bisher nur verschieden interpretiert, es kömmt aber darauf an, sie zu verändern«

Die 68er in Freiburg sind zwar zumeist nur ein provinzieller Versuch, großstädtische politische Aktionen zu kopieren, sorgen aber auch hier für eine notwendige Diskussion innerhalb der verkrusteten Ordinarien-Universität sowie für das Auslüften »muffiger Talare« und für neue Lehr- und Lernmethoden. Mitwirkung bei der Gestaltung von Seminaren, Gruppenarbeit und eine Abkehr von der starren dialogfeindlichen Form der Vorlesung sind wichtige Neuerungen. Die Gruppenuniversität hat die Ordinarienuniversität abgelöst – allerdings mit der Folge, dass nun ein verstärktes Gruppendenken Einzug hält. Und die jüngste Gesetzgebung sorgt 2019 durch richterlichen Beschluss für die erneute Mehrheit der Professorenschaft bei Abstimmungen im Senat.

Andererseits hat die Universität unter den bürokratischen Repressionen des Staates in Form von engen gesetzlichen Bestimmungen als Reaktion auf die 68er Ereignisse lange noch zu leiden. So wird die mühsam gewonnene Autonomie in strenger gesetzlicher Reglementierung und Lagerkämpfen der Gruppenuniversität erstickt. Und die Studierenden? Die Landesregierung schafft Mitte der siebziger Jahre die »Verfasste Studentenschaft« ab, so dass sich die ASten – zumindest offiziell – nicht mehr zu allgemeinpolitischen Themen äußern dürfen. Sie wird erst 2012 wieder eingeführt. Die aus Sicht der Studierenden ungenügende Beteiligung an den Gremien und Entscheidungen der Hochschule führt zu einer Entpolitisierung des Studiums und geringen Beteiligungen der Studenten bei Universitätswahlen sowie einer Flucht in das kulturelle Engagement.

Die Universität wird zum reinen Lernort. Inzwischen nimmt das Engagement wieder zu: Vor allem ökologische und soziale Fragen sorgen für ein breites studentisches Engagement in vielen kleinen Gruppierungen. Die Universität wird wieder zum Mittelpunkt des kulturellen und sozialen Lebens. Waren früher die Institute und Seminare die einzigen Bezugspunkte für Studenten und Mitarbeiter, so ist inzwischen festzustellen: Die Marke »Uni Freiburg« ist mehr und mehr Teil der Corporate Identity auch der Studierenden geworden. Das Image und die Platzierungen bei nationalen und internationalen Rankings finden inzwischen Beachtung und werden von Studierenden, Lehrenden und Öffentlichkeit zunehmend registriert und kommentiert.

Beim Durchlüften und Ausmisten der Talare bleiben allerdings auch sinnvolle Rituale wie eine Erstsemesterbegrüßung oder die angemessene Verabschiedung von Absolventen auf der Strecke. Erst in den 90er Jahren werden auf Betreiben der Abteilung für Öffentlichkeitsarbeit und des Alumni-Büros solche Formen der Wertschätzung für die eigenen Studierenden wieder eingeführt. Die Resonanz zeigt, wie wichtig solche Formen des kulturellen Austauschs und der Wertschätzung sind. Abschlussfeiern bieten in allen Fakultäten den Studierenden einen würdigen Abschluss ihrer Studienzeit. Mit der Gründung des ersten übergreifenden Alumni-Netzwerks einer Universität in Deutschland ist die Universität Freiburg 1996 ein bundesweiter Pionier in dieser lebenslangen Betreuung ihrer Studierenden. Inzwischen sind über 120.000 Alumnae und Alumni weltweit erfasst und die Mitglieder des Fördervereins Alumni Freiburg e.V. unterstützen ihre Freiburger Uni und die Studierenden in vielfältiger Weise.

Flugblätter 1975

Rasch wachsende Studierendenzahlen

Die räumliche und personelle Erweiterung der Universität ist nicht zuletzt durch das rasche Ansteigen der Studentenzahlen in den Nachkriegsjahren bedingt. Waren 1948 noch 3000 Studierende immatrikuliert, so steigt die Zahl auf 12.000 im Sommersemester 1965. Die Zahl von 20.000 Studierenden wird im Jahre 1981 überschritten und heute hat die Universität einen Stand von über 24.000 Studierenden, darunter über 4300 ausländische Studenten, erreicht, die in 11 Fakultäten über 150 Studienfächer mit verschiedenen Abschlussmöglichkeiten (Bachelor, Master oder Doktor) studieren können. Die Studierenden, denen der Wohnungsmangel auch heute besondere Probleme bereitet, wohnen in Freiburg am liebsten innenstadtnah, einzeln oder in Wohngemeinschaften, oder in einem der 4000 vom Studierendenwerk angebotenen Zimmer.

In den 60er Jahren entsteht in Freiburgs Westen ein eigenes Studentendorf, die »Studentensiedlung«, mit Seeblick. Die StuSie bietet heute rund 1800 Studierenden Wohnraum in Apartments, kleinen Wohngemeinschaften mit 2 bis 8 Studierenden oder Stockwerksgemeinschaften mit bis zu 12 Studierenden mit gemeinschaftlich genutzter Küche und sanitären Einrichtungen.

Die 70er Jahre: Zimmer im Studentenwohnheim

Ende der Stagnation – eine neue Technische Fakultät

In den 80er Jahren ist die Universität stark gewachsen, aber eine übermächtige Verwaltung erstickt jede Form der Innovation und autonomen Selbstverwaltung. Devotes Verhalten gegenüber Stuttgart spiegelt sich in einer mangelnden Initiative bei dringend benötigten Baumaßnahmen. Erst mit den Rektoraten Schupp, Rüchardt, Löwisch und Jäger setzt hier ein Umschwung ein.

Ein wichtiger Meilenstein ist die Gründung einer neuen 15. Fakultät für Angewandte Wissenschaften. Die regionale Industrie fordert seit langem eine technisch orientierte Fakultät; man überlegt sich sogar die Gründung einer eigenen technischen Universität. Mit einer Initiative des Rektors Christoph Rüchardt ergreift die Universität die Flucht nach vorne. Er unterbreitet 1989 dem damaligen Ministerpräsidenten Späth den Vorschlag, neue zukunftsgerichtete technische Fächer in einer neuen Fakultät einzuführen: Mikrosystemtechnik, angewandte Computerwissenschaften und Materialwissenschaften. Mit Unterstützung der Landesregierung und der Konkretisierung und politischen Umsetzung der Initiative durch die Rektoren Löwisch und Jäger sowie dem durch Presseaktionen entstandenen öffentlichen Druck entsteht 1995 auf dem Gelände der inzwischen abgezogenen französischen Streitkräfte am Flugplatz ein 40 Hektar großes Erweiterungsgelände für die Universität.

Die »Technische Fakultät«, wie sie inzwischen heißt, ist mit den anderen Fakultäten hervorragend vernetzt und hat der gesamten Universität einen deutlichen Schub gegeben. Gerade auch die lange Zeit vernachlässigte enge Zusammenarbeit mit den fünf Instituten der Fraunhofer-Gesellschaft eröffnet der Universität viele neue Aktionsfelder, beispielsweise in den Erneuerbaren Energien, sowie neue Formen der Zusammenarbeit mit der Wirtschaft.

Die »Technische Fakultät« erweist sich als belebendes Element für die Universität Freiburg, ob in Zusammenarbeit mit Naturwissenschaften und Medizin oder auch mit den Geistes- und Gesellschaftswissenschaften.

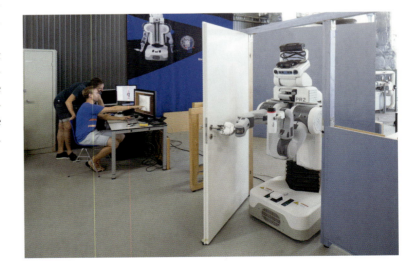

Bauboom, Uni-Jubiläum und ein neuer Geist

Diese Entwicklung löst einen Bauboom in den 90er und 2000er Jahren aus. Bestehende Bauten wie die der Chemie werden saniert und zahlreiche Neubauten für Universität und Klinikum entstehen. Jüngstes Beispiel ist der Neubau der Universitätsbibliothek, deren spektakuläre Architektur innerhalb der Stadt heftig diskutiert wird. Der »Campus Flughafen« wird zum Innovationszentrum und ist inzwischen schon wieder zu klein, um alle Anfragen und Wünsche von Instituten und Kooperationspartnern zu befriedigen.

Eine wichtige Station in der umfassenden Öffnung und Vernetzung der Hochschule ist das 550-jährige Jubiläum im Jahr 2007, das innerhalb der Universität für eine Aufbruchstimmung sorgt. Zahlreiche öffentlichkeitswirksame Veranstaltungen mobilisieren die gesamte Universität und sorgen unter dem Motto »Freiburg – wir sind die Universität« für einen Schulterschluss mit Stadt, Umland und den anderen regionalen Hochschulen.

Ein neues Uni-Logo, Uni-Shop, das Uniseum Freiburg, die Gestaltung von Gedenkstätten als Orte des institutionellen Gedächtnisses und vieles mehr entstehen in diesem Jahr und stärken gemeinsam mit dem Erwerb des Titels »Exzellenz-Universität« das nationale und internationale Image der Hochschule. So wird die Universität beispielsweise Mitglied von »LERU«, des Verbunds der 20 europäischen Top-Universitäten, und klettert in allen nationalen und internationalen Rankings auf vordere Plätze.

Durch die Alumni-Organisation werden wieder Abschlussfeiern für alle Absolvierende eingeführt und der Erstsemester-Familientag muss aufgrund des großen Andrangs sogar in das Stadion des Sportclub Freiburg verlegt werden. Es ist der Geist einer »Neuen Universitas«, der für Zusammenhalt und innere Kraft steht.

Von 1985 bis 2010 feierte die Universität mit ihren Gästen beim vom Pressesprecher organisierten »Uni-Sommerball« rauschende Ballnächte.

Das »Uniseum Freiburg« in der Alten Uni bietet einen spannenden Rundgang durch die Universitätsgeschichte.

Das 550. Uni-Jubiläum 2007 erweist sich als Impuls zur Öffnung in viele Richtungen: Wissenschaftskommunikation und Öffentlichkeitsarbeit erhalten einen höheren Stellenwert, erschließen neue Zielgruppen wie die Alumni und bauen mit verständlichen Publikationen, Internetauftritt, Veranstaltungsreihen und gesellschaftlichen Ereignissen den Kontakt zur Öffentlichkeit aus. Freiburg wird »Exzellenz-Universität« und das schon gute nationale Image wird auch international sichtbar und wahrgenommen.

»Eucor« ist der trinationale Verbund der oberrheinischen Fakultäten. Besonders von Freiburg und Strasbourg aus wird dieser Verbund vorangetrieben, der ein gemeinsames Studieren und Forschen ohne Grenzen möglich macht und so den Impuls für die Gründung einer »Europäischen Universität« am Oberrhein setzen soll.

Die größte Stärke der Freiburger Universität ist inzwischen aber ihre interne fächerübergreifende Vernetzung durch wissenschaftliche Zentren, Exzellenzcluster, Sonderforschungsbereiche und durch Kooperationen mit anderen regionalen Wissenschaftseinrichtungen wie der Fraunhofer- und Max-Planck-Gesellschaft und Hochschulen, wie beispielsweise mit der Pädagogischen Hochschule bei der Lehrerausbildung.

Durch diese trans- und interdisziplinäre Ausrichtung und Ausbildung ist die Universität in der Lage, Antwort auf komplexe gesellschaftliche Anforderungen zu liefern. Diese Umstrukturierungen in den Rektoraten Jäger und Schiewer sichern die Zukunftsfähigkeit der Albert-Ludwigs-Universität im Wettbewerb und den Sprung in die Spitzengruppe der deutschen Hochschulen.

Eine wichtige Entscheidung zur Schärfung des Freiburger Universitätsprofils ist die grenzüberschreitende, trinationale Zusammenarbeit mit Hochschulen der Nordwestschweiz, des Elsass und Baden. Im Jahr 1989 ist die Albert-Ludwigs-Universität eines der Gründungsmitglieder von EUCOR, der »Europäischen Konföderation der Universitäten am Oberrhein«, gemeinsam mit den Universitäten Basel, Mulhouse, Strasbourg und dem KIT in Karlsruhe. Freiburg ist seitdem Vorreiter bei der Gründung einer »Europäischen Universität«. Gemeinsame Studiengänge, gemeinsame Forschungsprojekte und gemeinsame Abschlüsse bedeuten für die Studierenden der Mitgliedsuniversitäten einen Mehrwert und machen gerade für internationale Studierende das Studium in Freiburg noch interessanter.

Mit mehr als 19.000 Beschäftigten, davon 12.000 Mitarbeiterinnen und Mitarbeitern des Universitätsklinikums, ist die Albert-Ludwigs-Universität heute der größte Arbeitgeber in Südbaden und setzt Maßstäbe für die ökonomische, soziale und kulturelle Entwicklung der Region.

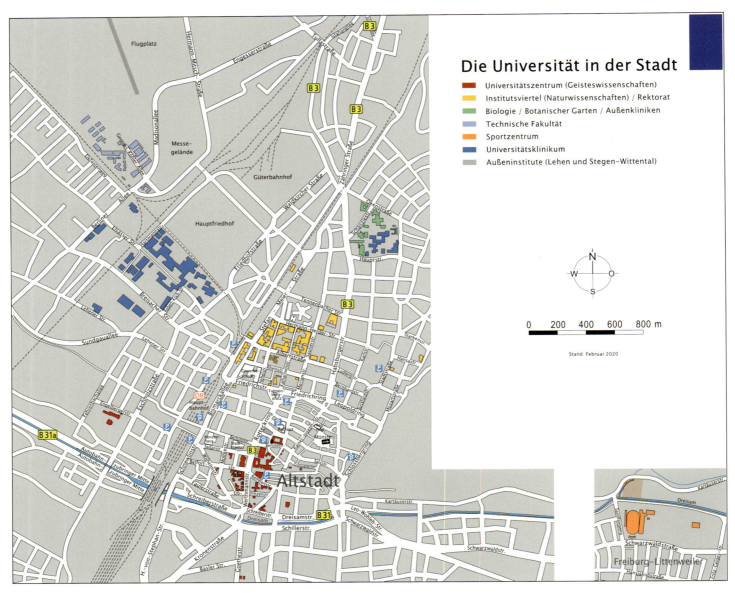

Die Übersichtskarte zeigt die »Uni in der Stadt«

Die Universität und ihre Fakultäten

Die »Blaue Brücke« verbindet die Fakultäten östlich und westlich der Bahnlinie. Bis zu 10.000 Radfahrer überqueren sie am Tag.

Da sich Wissensstand und Forschungsgebiete ständig ändern und ändern müssen, kann an dieser Stelle nur eine kurze geschichtliche Entwicklung skizziert werden. Alle aktuellen Forschungsgebiete erschließen sich aus dem Internetangebot der Universität: www.uni-freiburg.de.

Ein wesentlicher Strukturpfeiler einer Universität sind ihre Fakultäten. Ihr Zuschnitt und ihre Aufteilung in Institute und Seminare spiegeln die dynamische Entwicklung der Fachgebiete und Betriebsorganisation im jeweiligen zeitgeschichtlichen Rahmen wider. Fachgebiete ändern sich, werden umbenannt oder ganz abgeschafft, neue Fächer entstehen. So hat sich auch der Zuschnitt der Fakultäten an der Freiburger Hochschule immer wieder verändert.

Zu Beginn ihrer Geschichte ist die Universität in vier Fakultäten aufgeteilt. In einem Grundstudium in der Artistenfakultät (der späteren Philosophischen Fakultät), das für jeden Studenten verpflichtend war, kann man die Grundkenntnisse (»artes liberales«) erwerben, die zum Studium der drei höheren Fakultäten: der Theologie, der Jurisprudenz und der Medizin notwendig waren. Die sieben freien Künste sind in der Vorhalle des Freiburger Münsters als Skulpturen zu bestaunen: die Grammatik, die Rhetorik, die Dialektik (»trivium«) und die Arithmetik, Geometrie, Musik und Astronomie (»quadrivium«).

Im Jahr 1911 wird den neuen naturwissenschaftlichen Fachrichtungen Rechnung getragen und eine fünfte Fakultät tritt zu den vier klassischen hinzu: die Naturwissenschaftlich-Mathematische Fakultät. Und dabei bleibt es für weitere 50 Jahre.

Als eine der Auswirkungen der 68er-Bewegung wird eine Neugliederung der 5 großen Fakultäten in 14 kleinere beschlossen; später kommt noch die »Fakultät für Angewandte Wissenschaften« (heute »Technische Fakultät«) hinzu.

Seit den 1990er Jahren gliedert sich die Universität in 11 Fakultäten, die weiterhin wichtige Eckpfeiler der universitären Selbstverwaltung sind:

- Theologische Fakultät
- Rechtswissenschaftliche Fakultät
- Wirtschafts- und Verhaltenswissenschaftliche Fakultät
- Medizinische Fakultät
- Philologische Fakultät
- Philosophische Fakultät
- Fakultät für Mathematik und Physik
- Fakultät für Chemie und Pharmazie
- Fakultät für Biologie
- Fakultät für Umwelt und Natürliche Ressourcen
- Technische Fakultät

Die Fakultäten sind mit einer gewissen Autonomie gegenüber dem Rektorat und der zentralen Verwaltung ausgestattet und betonen mit eigenen Dekanatsverwaltungen bis heute diese Eigenständigkeit. Es bedarf schon einiges an Geschick, dass ein Rektor oder eine Rektorin dieses komplizierte und verschachtelte Machtgefüge an einer Universität so steuert, dass klare und zukunftsweisende Entscheidungen getroffen werden können. Beispielsweise ist der Dienstherr aller Professoren nicht der Rektor der Universität, sondern der/die Wissenschaftsminister/in des Landes.

In Forschung und Lehre tritt seit den 1990er Jahren ein Kulturwandel ein, denn seit dieser Zeit werden die vertikalen Fakultätsstrukturen durch horizontale transdisziplinäre Einrichtungen erweitert. Viele wissenschaftliche Innovationen entstehen gerade an den Rändern und in Zusammenarbeit der Fachgebiete: in Forschungszentren, Sonderforschungsbereichen, Exzellenzclustern oder dem Freiburg Institute of Advanced Studies (FRIAS); in der Lehre beispielsweise in Graduiertenkollegs oder dem University College Freiburg (UCF).

Die lange Zeit festgezurrten Grenzen zwischen Geistes- und Naturwissenschaften sind durchlässig geworden. In der fächerübergreifenden Zusammenarbeit hat die Einführung der Technischen Fakultät mit der Einbindung sozialwissenschaftlicher, ökonomischer, juristischer und ethischer Fragestellungen einen Katalysatoreffekt, der immer weitere Kreise zieht. Diese dynamische Entwicklung, von aktiven Rektoraten im Gegensatz zu anderen deutschen Hochschulen frühzeitig angeschoben, ist der eigentliche Grund für den Erfolg der Universität Freiburg in allen nationalen und internationalen Wettbewerben. Gerade im Exzellenzwettbewerb, den die Universität 2007 gewinnen kann, ist die interdisziplinäre Zusammenarbeit von Fachbereichen Voraussetzung für den Gewinn von Forschungsclustern und Exzellenztitel.

Es wird interessant sein zu beobachten, wie die Fakultäten als historisch gewachsene Grundpfeiler zukünftig ihre tragende Rolle im Universitätsgefüge behaupten werden.

Welcher Fakultät wohl dieser Gelehrte angehörte?

Theologische Fakultät

Die Theologische Fakultät besteht seit der Gründung der Universität im Jahr 1457. Zunächst werden sieben Professoren berufen, je einer für Theologie, Recht und Medizin sowie vier Professoren für Philosophie, damals Artistenfakultät.

Zu Beginn des 16. Jahrhunderts trägt zu dem wachsenden Ansehen der Universität die Berufung von Theologen wie dem elsässischen Prediger Johannes Geiler von Kaysersberg, dem berühmten Satiriker Thomas Murner und dem bekannten Luthergegner Johannes Eck bei. Auch Erasmus von Rotterdam gehört zeitweilig zur Theologischen Fakultät. In der Reformationszeit bleibt die Universität katholisch. Die Reform der Fakultät im Jahre 1586 bringt die Einteilung in vier Fächer hervor, die für zwei Jahrhunderte die fachliche Gruppierung der Theologie sein werden: Schrift, Dogmatik, Moral und Kontroverstheologie.

Im Jahr 1620 übernehmen auf Weisung des Erzherzogs Leopold Mitglieder des Jesuitenordens die Mehrheit der theologischen und gleichzeitig alle Lehrstühle der Philosophischen Fakultät. Die Jesuiten beherrschen im 17. und frühen 18. Jahrhundert den Unterricht.

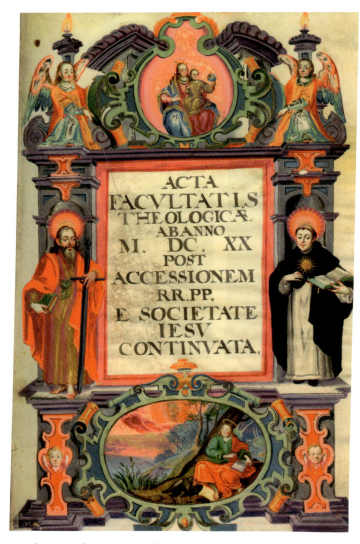

1620 kommen die Jesuiten nach Freiburg. Ihren Einfluss manifestieren sie auch durch den Bau des großen Kollegiums sowie einer Kirche im Zentrum der Stadt. Das wird durch einen neu angelegten Protokollband der Theologischen Fakultät (s. Abb. Titelblatt) dokumentiert.

»Der schönste Turm der Christenheit« (Jakob Burckhardt)

1767 wandelt die Theresianische Reform die Universität durch eine neue Verfassung in eine Staatsanstalt um. Damit wird die Theologische Fakultät in noch radikalerem Sinne als unter den Jesuiten zentralisiert: Sie verliert ihre Selbständigkeit und wird gestaltet, wie es die Regierung in Wien vorschreibt.

Um die Mitte des 19. Jahrhunderts, als die Philosophische Fakultät die Ausbildung der Lehrer der höheren Schulen übernimmt, gibt es einige wenige hundert Studenten in Freiburg, davon die Hälfte Theologen.

Nach dem Ersten Weltkrieg kommt es zu einem weiteren Ausbau der Theologischen Fakultät: die Anzahl der Lehrstühle wird von sechs auf neun erhöht. Obwohl das sogenannte Badische Konkordat die rechtliche Absicherung der Theologischen Fakultät bringt, werden ihr nach 1933 von der nationalsozialistischen Regierung Lehrstühle entzogen.

Nach dem Zweiten Weltkrieg kommen Lehrstühle für Christliche Gesellschaftslehre, Religionsphilosophie, Religionsgeschichte und kirchliche Landesgeschichte hinzu. Nach den Zerstörungen im Zweiten Weltkrieg erlebt die Universität einen zügigen Wiederaufbau; die Theologische Fakultät kann in das Kollegiengebäude I einziehen.

Johann Baptist von Hirscher (1788–1865), Professor für Moraltheologie und Katechese, war ein einflussreicher Theologe und Sozialkritiker. Er gilt als Begründer der Katechetik.

Karl Kardinal Lehmann (1936–2018), Lehrstuhl für Dogmatik und Liturgiewissenschaft, Bischof von Mainz. Als Vorsitzender der Deutschen Bischofskonferenz wirbt er für eine Öffnung der katholischen Kirche in die Gesellschaft.

Auftritt des Uni-Chors in der Universitätskirche. Die frühere Kirche des Jesuitenkollegs wird 1683 erbaut, 1944 im Bombenhagel zerstört und 1956 wieder aufgebaut. Den Altarraum überragt der gekreuzigte Jesus Christus, eine 1988 installierte Holzstatue von Franz Gutmann.

Karl von Rotteck (1775–1840) sichert als Rektor 1818 den Erhalt der Universität. Er arbeitet an der Badischen Verfassung mit und vertritt Ideen der Aufklärung und des Liberalismus – bis auf einen Punkt: Er spricht sich gegen eine Gleichstellung der Juden aus. Wissenschaftlich ragen seine »Allgemeine Weltgeschichte« und das zusammen mit Welcker herausgegebene »Staats-Lexikon« heraus.

Konrad Hesse (1919–2005) lehrt Öffentliches Recht und ist von 1975 bis 1987 – wie viele weitere Freiburger Juristen – Richter am Bundesverfassungsgericht. Seine »Grundzüge des Verfassungsrechts der Bundesrepublik Deutschland« wird zum Standardwerk.

Rechtswissenschaftliche Fakultät

Die Juristische (heute: Rechtswissenschaftliche) Fakultät gehört zum Grundbestand der 1457 gegründeten Universität. Mit Ulrich Zasius (1461–1535), der für Freiburg das »Neue Stadtrecht« von 1520 verfasst hat, erlebt sie am Anfang des 16. Jahrhunderts im Zeichen des Humanismus eine Hochblüte. Danach allerdings bleibt sie als Lehr- und Forschungsstätte für die vorderösterreichischen Lande mehr als zwei Jahrhunderte lang recht provinziell. Ansätze für eine Belebung gibt es nach der Theresianischen Universitätsreform von 1767. Aber erst nach dem Übergang an Baden im Jahre 1805 gewinnt sie zunehmend an Reputation, obwohl sie noch lange im Schatten Heidelbergs bleibt. Das »Staatslexikon« der »politischen Professoren« Karl von Rotteck (1775–1840) und Karl Theodor Welcker (1790–1869) wird im Vormärz zum Katechismus der liberalen Verfassungsbewegung. Franz Joseph von Buß (1803–1878), früh an sozialen Problemen interessiert, wird zu einem der Häupter des politischen Katholizismus. 1896 wird die Fakultät unter bestimmender Mitwirkung von Max Weber (1864–1920) durch Hereinnahme der nationalökonomischen Lehrstühle zu einer Rechts- und Staatswissenschaftlichen Fakultät umgebildet.

War sie in den Jahren 1933 und 1934 zunächst in heftige Turbulenzen gestürzt und hatte sie im Zuge der »politischen Säuberung« und des Berufsverbots der Nationalsozialisten ihre beiden Rechtswissenschaftler Fritz Pringsheim (1882–1967) und Andreas Bertalan Schwarz (1886–1953) verloren, so hat sich in ihr durch das Zusammenwirken von Walter Eucken (1891–1950), Hans Großmann-Doerth (1894–1944) und Franz Böhm (1895–1977) eine Lehr- und Forschungsgemeinschaft von Nationalökonomen und Juristen entwickelt, die in Abkehr zum Regime den Grund gelegt hat für die als »Freiburger Schule« bekannte und nach 1945 beim Aufbau einer Marktwirtschaft wirksam gewordene Konzeption des Ordo-Liberalismus. Andere Mitglieder der Fakultät wie Erik Wolf (1902–1977) und Constantin von Dietze (1891–1973) engagieren sich im Kampf der »Bekennenden Kirche« und beteiligen sich – ebenso wie Eucken und Böhm – an der Ausarbeitung der Freiburger Denkschrift des sogenannten Bonhoeffer-Kreises, einem bedeutenden Dokument des Widerstandes gegen den Nationalsozialismus.

Nach einer schwierigen Phase des Wiederaufbaus und der Konsolidierung setzt Mitte der 50er Jahre bei zunehmenden Studentenzahlen mit der Schaffung neuer Lehrstühle ein kräftiger Ausbau der Fakultät ein. 1969 wird im Zuge der organisatorischen Umgestaltung der Universität die bewährte Gemeinschaft mit den Nationalökonomen aufgelöst.

Eine institutionelle Gliederung der Fakultät ergibt sich aus der Existenz von Instituten und Seminaren. Als bibliothekarische Einrichtungen sind sie seit 1975 zusammengefasst in der Bibliothek für Rechtswissenschaft, die aus dem 1889 gegründeten Juristischen Seminar hervorgegangen ist und 2015 in die Universitätsbibliothek verlegt wird. Der Standort der rechtswissenschaftlichen Fakultät ist das KG II (Abb. unten und links oben).

Der Klassiker im Jura-Studium: Der Schönfelder gehört zur Grundausstattung der Gesetzestexte.

Walter Eucken (1891–1950), Nationalökonom, Begründer der neoliberalen »Freiburger Schule«. Wegbereiter der Sozialen Marktwirtschaft. Mitglied einer oppositionellen Professorengruppe gegen den Nationalsozialismus

Die Sanierung des KG II bedeutet 2020 für die Wirtschaftswissenschaften den Umzug in ein neues Gebäude. Im ehemaligen Verwaltungsgebäude des Schluchseewerks, ergänzt durch einen Neubau, findet der Fachbereich eine neue Heimat an der Rempartstraße.

Wirtschafts- und Verhaltenswissenschaftliche Fakultät

Erst mit der Aufteilung der Rechts- und Staatswissenschaftlichen Fakultät zu Beginn des Jahres 1970 ist eine eigene Wirtschaftswissenschaftliche Fakultät entstanden. Allerdings ist schon ab Mitte des 15. Jahrhunderts die Ökonomie Gegenstand in den Fächern Ethik und Moral. Aus den verschiedenen Schulen, die nach dem Kameralismus (Verwaltungslehre des 16.-18. Jahrhunderts) in der deutschen Nationalökonomie unterschieden werden, wirken in Freiburg immer wieder berühmte Vertreter. So für das politische Professorentum Anfang des 19. Jahrhunderts Karl von Rotteck, für die historische Schule Karl Knies in der Mitte und für den sogenannten Kathedersozialismus Adolf Wagner in der zweiten Hälfte des 19. Jahrhunderts. Die Methodologie ist in Freiburg immer wichtig, schließlich ist auch Max Weber Fakultätsmitglied (1894–1897). Im Fach Betriebswirtschaftslehre (Privatwirtschaftslehre) wird in Freiburg 1919 das erste Ordinariat an einer deutschen Universität eingerichtet und mit Ernst Walb besetzt. Für die Volkswirtschaftslehre sind Karl Diehl als Vertreter der sozialrechtlichen Schule, insbesondere aber Walter Eucken als Begründer der »Freiburger Schule« für die erste Hälfte des 20. Jahrhunderts hervorzuheben.

Die ordnungspolitischen Gedanken des Kreises um Eucken werden nach dem 2. Weltkrieg für die Wirtschaftsordnung der Bundesrepublik ausschlaggebend. Fragen von Wettbewerb, Ordnung und Entwicklung spielen in der Fakultät, die auf den Nobelpreisträger von 1974 Friedrich August von Hayek als Mitglied verweisen kann, weiterhin eine wichtige Rolle.

Forschungsarbeiten zu aktuellen ordnungspolitischen Fragestellungen prägen auch das im Jahr 1954, vier Jahre nach dem Tode Walter Euckens durch einige seiner Freunde und Schüler gegründete Walter Eucken-Institut.

Der Neuzuschnitt der Fakultäten der Universität hat seit dem 1. Oktober 2002 Fächer aus den Philosophischen Fakultäten und der Wirtschaftswissenschaftlichen Fakultät zu einer Wirtschafts- und Verhaltenswissenschaftlichen Fakultät zusammengeführt.

Das **Psychologische Institut** hat aufgrund der stetig wachsenden Abteilungen und Arbeitsgruppen seit 2002 ein eigenes neues Campusgelände der Universität in der Engelbergerstraße im Stadtteil Stühlinger bezogen. Zuvor war das Institut im Peterhof und in der Belfortstraße untergebracht.

Die älteren Gebäude auf dem neuen Campus waren Teil einer ehemaligen Kreispflegeanstalt. Nach dem Zweiten Weltkrieg wurde das Gelände zunächst von der Universität Freiburg und anschließend von den französischen Besatzungstruppen genutzt, die 1953 ein Lazarett auf dem Gelände errichteten. Heute werden die Gebäude durch die Psychologie genutzt, aber auch als Studentenwohnheime. Das ehemalige Pförtnerhäuschen steht der Fachschaft Psychologie zur Verfügung. Die Abteilung der Biologischen und Differentiellen Psychologie ist noch im Institutsviertel beheimatet.

2011 sind auf dem Gelände der Engelbergerstraße weitere Räume für die Ambulanz und das Freiburger Ausbildungsinstitut für Kinder- und Jugendlichenpsychotherapie (FAKiP) GmbH angemietet worden. Die Psychotherapeutische Hochschulambulanz für Forschung und Lehre versorgt Erwachsene, Kinder und Jugendliche und gliedert sich in vier Teilambulanzen für psychische Störungen, für psychische Störungen bei körperlichen Erkrankungen, für stressbedingte Erkrankungen und für Kinder, Jugendliche und Familien.

Die **Erziehungswissenschaften** sind bis 1945 Teil der Philosophischen Fakultät und werden auch in der Nachkriegszeit in Verbindung mit dem Fach Philosophie gelehrt. Mit Kurt Aurin wird die empirische Lehr-, Lern- und Schulforschung in den 70er und folgenden Jahren ein Markenzeichen der Freiburger Erziehungswissenschaften; später kommt die Erwachsenenbildung hinzu. Heute leistet das Institut in einem Gebäude in der Rempartstraße seinen Beitrag zur empirischen Erziehungswissenschaft, aber auch zur berufsfeldbezogenen Qualifizierung seiner Studierenden, beispielsweise im Lehrerberuf.

Das **Institut für Sport und Sportwissenschaften** geht aus dem 1931 entstandenen »Institut für Leibesübungen« hervor. Schon

Robert Heiß (1903–1974), Philosoph und Psychologe, gründet 1944 in Freiburg das Institut für Psychologie. Heiß führt hier projektive Tests, Intelligenztests, Graphologie und Ausdruckspsychologie in den Lehrkanon ein.

1920 hat die Universität mit Heinrich Buchgeister den ersten hauptamtlichen Turn- und Sportlehrer einer deutschen Universität eingestellt. Die Universität sorgt dann 1929 mit dem Bau des Universitätsstadions und dort angegliedertem Sportgebäude mit Turnhalle und Boxsaal im Osten Freiburgs für die Voraussetzungen für eine weitere Expansion des Uni-Sports. In den 70er Jahren wird der Sportbereich neben dem Unistadion weiter ausgebaut; 1995 kommt in nächster Umgebung noch eine Tennisanlage hinzu.

Heute betreut das Institut in Ausbildungseinheit mit der Pädagogischen Hochschule weit über 1000 Studierende in der Lehre. Das Institut erforscht die motorischen und psychosozialen Bedingungen der Sporttreibenden in den Bereichen Sportmotorik, Sportpsychologie, Sportpädagogik, Ernährung, Neurowissenschaft sowie Theorie und Praxis des Sports.

Abgesehen von einem eigenen Sportstudium bietet der **Allgemeine Hochschulsport** allen Studierenden der Universität und auch den Mitarbeitenden einen vollen Sportkalender mit mehr als 50 Disziplinen an.

Medizinische Fakultät

Theoretische Institute und Universitätsklinikum bilden als Fakultät eine Einheit. Dies resultiert auch aus ihrer historischen Entwicklung. Bis zur Gründung der Universität und der Medizinischen Fakultät im Jahr 1457 wird die kranke Bevölkerung Freiburgs durch Bader, Wundärzte, Hebammen, Apotheker und Stadtärzte versorgt. Hinzu kommen drei Hospitäler und zahlreiche karitative Einrichtungen zur Bewältigung körperlicher und sozialer Not.

Die Medizinische Fakultät ist in den ersten 300 Jahren ihres Bestehens ein reiner Lehrbetrieb mit wenig mehr als 3 Professoren und wechselnden Studentenzahlen. Erst 1751 übernimmt die Fakultät die Krankenversorgung im Armenspital in der Gerberau; damit beginnt auch die Lehre am Krankenbett. Nach einer Erweiterung als »Allgemeines Krankenspital« im alten Collegium Sapientiae in der Herrengasse wird – nach der Übernahme Freiburgs durch das Großherzogtum Baden – der Neubau eines »Klinischen Hospitals« in der Albertstraße geplant. 1829 eröffnet, ist dies das seinerzeit modernste Klinikum im Lande.

Die erstmalige Aufteilung in Innere Medizin, Chirurgie und Geburtshilfe leitet die Spezialisierung ein. Zwischen 1866 und 1911 werden im gleichen Areal eigene Kliniken für Frauen-, Augen-, Kinderheilkunde, Chirurgie und Poliklinik sowie die Theoretischen Institute errichtet. 1926–1931 entstehen an der Hugstetter Straße die Medizinische und die Chirurgische Klinik. Nach der totalen Zerstörung nahezu aller medizinischen Einrichtungen erfolgt nach 1946 der Wiederaufbau mit der bis heute bestehenden Trennung von Institutsviertel und Klinikgebiet. Die wissenschaftliche Bedeutung der Medizinischen Fakultät ist insbesondere in der zweiten Hälfte des 19. Jahrhunderts und zur Zeit der Weimarer Republik von überragender internationaler Wirkung. Hierfür stehen Namen wie der des Anatomen Alexander Ecker, des Physiologen Johannes von Kries und des Pathologen Ludwig Aschoff.

Ludwig Aschoff (1866–1942) bei einer Vorlesung im Pathologischen Institut um 1930. Er verhilft der Freiburger Pathologie und Medizin zu Weltruhm; besonders eng sind die Beziehungen zu Japan.

Siegfried Thannhauser (1885–1962). Der herausragende Internist wird 1930 als Ordinarius für Innere Medizin berufen, kann 1931 die neue Medizinische Uniklinik einweihen, wird 1933 als Dekan gewählt und kurz danach als Jude »beurlaubt«, vom NS-Regime verfolgt und emigriert schließlich 1935 resigniert nach Boston.

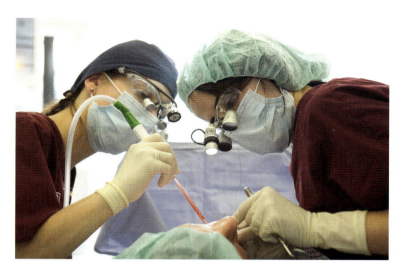

Studierende der Zahnmedizin sammeln unter Anleitung erfahrener Ärztinnen und Ärzte praktische Erfahrungen.

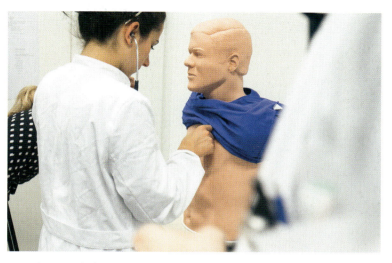

Lässt das Herz höherschlagen: Medizinstudierende üben an der Torso-Puppe »SAM« das Abhören von Herzgeräuschen.

Auch nach dem Zweiten Weltkrieg hat die Fakultät rasch den Anschluss an den internationalen wissenschaftlichen Standard gefunden. Wegleitend hierbei sind der Chirurg Hermann Krauß und der Neurologe Richard Jung.

Die Medizinische Fakultät ist heute aufgrund des Hochschulmedizinreformgesetzes der Landesregierung eine eigene Verwaltungseinheit mit hauptamtlichem Dekan an der Spitze und ein großer Wirtschaftsbetrieb mit einem Etat, der fast genauso hoch ist wie der gesamte Etat der zehn weiteren Fakultäten.

Enge Zusammenarbeit: Die Forschung der Medizinischen Fakultät trägt wesentlich zur Verbesserung der medizinischen Versorgung des Universitätsklinikums bei.

Philosophische und Philologische Fakultät

Die Philosophische Fakultät umfasst bis Anfang des 20. Jahrhunderts auch die naturwissenschaftlichen Disziplinen. Eine Aufteilung in zwei Sektionen wird erst 1898 probeweise eingeführt, die definitive Trennung erfolgt nach dem Fakultätsbeschluss vom 5. Februar 1910 mit Beginn des Wintersemesters 1910/11.

Im Jahr 1969 wird die breit aufgestellte Fakultät in vier Einzelfakultäten geteilt, die auch die philologischen Fächer beinhalten. Bei der letzten Strukturreform in den 1990er Jahren entstehen zwei eigenständige Fakultäten: die Philosophische Fakultät und die Philologische Fakultät, die in diesem Kapitel gleichermaßen behandelt werden.

Der Lehrkörper ist anfangs klein. Zu Beginn des 19. Jahrhunderts zählt die Fakultät im geisteswissenschaftlichen Bereich drei ordentliche Professoren, einen für Philosophie, einen für klassische Philologie und einen für Geschichte. Im Laufe der folgenden Zeit wird der Personalstand kontinuierlich ausgeweitet, jedoch ergibt sich bis zur Wende des 19. zum 20. Jahrhundert nur eine Vervierfachung: Im Jahre 1900 zählt man elf ordentliche und zwei außerordentliche Professuren, am Ende der Weimarer Zeit immerhin schon 23 Professuren. Seit dem Sommersemester 1823 gehören der Philosophischen Fakultät 162 Studenten an, das sind 30 % aller in Freiburg Studierenden.

Das Frauenstudium muss mühsam durchgesetzt werden. In Freiburg macht die Philosophische Fakultät den Anfang: hier wird im November 1896 als erste Studentin Fanny Moser aus Badenweiler zwar intern immatrikuliert, aber noch dauerte es weitere vier Jahre, bis die erste Frau ihr Studium (im Fach Medizin) offiziell aufnehmen kann. Knapp 60 Jahre später, zum 500-jährigen Jubiläum im Jahr 1957, zählt die Philosophische Fakultät bereits 935 Studentinnen; das sind 46 Prozent aller damals hier Immatrikulierten.

Unter den Professoren der beiden Fakultäten sind zahlreiche Gelehrte mit großem Renommee. Dazu gehören der Literaturprofessor Johann Georg Jacobi sowie der Historiker Karl von Rotteck, der allerdings 1818 in die Juristische Fakultät wechselt. Bekannt ist er durch seinen starken Einfluss auf den vormärzlichen Liberalismus. Aus der späteren Zeit sind hervorzuheben die Philosophen Heinrich Rickert, Edmund Husserl und Martin Heidegger, die Historiker Alfred Dove, Georg von Below, Friedrich Meinecke, Gerhard Ritter und Gerd Tellenbach, die Germanisten Friedrich Kluge, Walter Rehm und Friedrich Maurer, der Anglist Wilhelm Wetz, die Romanisten Hugo Friedrich und Erich Köhler, der Keltologe Rudolf Thurneysen, der Althistoriker Ernst Fabricius, die Klassischen Philologen Anselm Feuerbach und Karl Zell sowie der Politikwissenschaftler Arnold Bergstraesser und der Psychologe Robert Heiß sowie die Kunsthistoriker Wilhelm Vöge und Hans Jantzen.

Heute setzt sich die Philosophische Fakultät aus den großen Bereichen Geschichte, Philosophie und Sozialwissenschaft, der Orientalistik und den Archäologien, der Kunstgeschichte und der Musikwissenschaft zusammen. In der interdisziplinären Vernetzung haben die Geisteswissenschaften lange Zeit Defizite gehabt, da sie auf der Forschungsarbeit Einzelner gründen. Dies hat sich allmählich geändert, was auch an den Drittmitteleinnahmen und neuen Sonderforschungsbereichen abzulesen ist.

Das gilt auch für die Philologische Fakultät, die sich in Lehre und Forschung mit den europäischen Sprachen, Kulturen und Literaturen von den frühesten indogermanischen Sprachen über die Antike bis zu den aktuellen Neuen Medien befasst.

Ihr angegliedert ist ein modernes Sprachlehrinstitut (SLI) als Serviceeinrichtung für alle Angehörigen der Universität, aber auch für die Öffentlichkeit. Von Alemannisch bis Japanisch können über 30 Sprachen im SLI erlernt werden.

Edmund Husserl (1859–1938), Philosoph von Weltruf, Begründer der transzendentalen Phänomenologie. Die NS-Machthaber verfolgen ihn als (evangelisch getauften) Juden und schikanieren ihn durch den Entzug der Lehrerlaubnis und das Verbot die Uni zu betreten. Von seinem Schüler und Nachfolger Martin Heidegger erhält er in dieser Zeit kaum Unterstützung.

Ein echter Hingucker: Im ehemaligen Papierlager des Herder-Verlags präsentiert die Archäologische Sammlung der Universität antike Originale, Abgüsse griechischer und römischer Skulpturen, Bauteile der Architektur der römischen Tempelanlage in Baalbek sowie zahlreiche Leihgaben antiker Kunstwerke.

Neben der Universitätsbibliothek als zentraler Einrichtung bietet die Universität ihren Mitgliedern und Studierenden mehr als 60 weitere Instituts-, Seminar-, Fachbereichs- und Fakultätsbibliotheken. Hier der Lesesaal der Verbundbibliothek der Philologischen und Philosophischen Fakultät im KG IV.

Hugo Friedrich (1904–1978), einer der führenden Romanisten in Deutschland, in dessen Vorlesungen die Studierenden pilgerten. Namensgeber des Forschungspreises für romanische Literaturwissenschaft der Universität Freiburg

Fakultät für Mathematik und Physik

Mathematik und Physik sind schon immer zwei eng verflochtene Themenbereiche. Im Jahr 2002 wird dieser Entwicklung mit der Zusammenlegung der beiden Fachbereiche in einer Fakultät Rechnung getragen.

Das Mathematische Institut taucht 1890 erstmals im Vorlesungsverzeichnis und damit im Lehrkanon der Universität auf. Bis 1972 gehört die Disziplin zur Naturwissenschaftlich-Mathematischen Fakultät. Nach der Zerstörung des Mathematischen Instituts durch den Bombenangriff 1944 ist die Mathematik immer wieder in Provisorien an verschiedenen Orten untergebracht. Erst durch die Sanierung des früheren Arbeitsamtsgebäudes in der Eckerstraße (2018 umbenannt in Ernst-Zermelo-Straße) erhalten die mathematischen Fächer eine gemeinsame Heimat. Die Informatik wird ausgegliedert und zieht als Teil der neuen Fakultät für Angewandte Wissenschaften (heute »Technische Fakultät«) 1994 auf das neue Campusgelände am Flugplatz. Das Mathematische Institut gliedert sich heute in fünf Abteilungen: Reine Mathematik, Mathematische Logik, Angewandte Mathematik (Hermann-Herder-Straße), Mathematische Stochastik und Didaktik der Mathematik.

Die Physik kennt keine herkömmlichen Institute, sie gliedert sich vielmehr in zwölf Abteilungen, die jeweils unter der Leitung eines Lehrstuhlinhabers stehen. Im 19. Jahrhundert ist das Physikalische Institut im Anwesen am Franziskanerplatz untergebracht, dem heutigen Rathaus. Zum Sommersemester 1891 wird ein Neubau in der Hebelstraße bezogen. Dieses Gebäude, in dem neben der Physik die Physiologie untergebracht ist, wird beim Luftangriff vom 27. November 1944 zerstört. Mit einigen Resten von ausgegrabenen Apparaturen wird das Institut nach Überlingen/Bodensee ausgelagert, wo allerdings kein Vorlesungsbetrieb mehr aufrechterhalten werden kann. Nach dem Krieg wird die Arbeit im ehemaligen Pharmazeutischen Institut (heute »Westbau« genannt) wieder aufgenommen, dessen Mittelteil durch eine Bombe zerstört wird und mit obligatorischer Baubeteiligung der damaligen Physikstudenten notdürftig benutzbar gemacht wer-

Ferdinand Lindemann (1852–1939), als Mathematiker damals noch Mitglied der Philosophischen Fakultät, beweist die Unmöglichkeit der Quadratur des Kreises bei einem Spaziergang auf dem Lorettoberg. Für seine wissenschaftlichen Verdienste wird er später geadelt.

Fraktale: Aus einfachsten Gleichungen entstehen in der Mathematik unendlich komplexe Figuren.

Gustav Mie (1868–1857). Der Physiker leistet wichtige Beiträge zum Elektromagnetismus und zur allgemeinen Relativitätstheorie. Bis heute sind seine Forschungsarbeiten bekannt, vor allem die mit seinem Namen verbundene »Mie-Streuung«.

den muss. Das heutige Physikhochhaus in der Hermann-Herder-Straße wird Ende der 50er Jahre gebaut und im April 1961 bezogen. Nach weiteren Neu- und Umbauten präsentiert sich die Physik heute als eigener kleiner Campus im Institutsviertel.

Besonders erwähnenswert ist die Zusammenarbeit Freiburger Physiker mit internationalen Forschungszentren, wie beispielsweise seit den 1970er Jahren mit dem Europäischen Zentrum für Teilchenphysik CERN in Genf. Hier stellt die Freiburger Universität eines der größten Physikerteams weltweit.

Das Hauptgebäude des Physikalischen Instituts ist das 1961 fertiggestellte Physikhochhaus in der Hermann-Herder-Straße.

Fakultät für Chemie und Pharmazie

Die Lehrtätigkeit in Chemie und Pharmazie in Freiburg ist anfangs, nachweislich im Lehrplan von 1624, eng mit der Ausbildung der Mediziner verknüpft. Erst ab 1775 rückt mit Franz Ignaz Menzinger die Chemie mehr in den Mittelpunkt des Unterrichts, allerdings immer noch zusammen mit der Botanik. 1779 wird dann im jetzigen »Neuen Rathaus« am Franziskanerplatz (heute Rathausplatz) ein Chemisches Laboratorium eingerichtet.

Von der Entwicklung einer eigentlichen chemischen Schule kann man etwa ab 1870 sprechen. Der Lehrstuhl für Chemie gehört zwar weiterhin zur Medizinischen Fakultät, wird aber 1875 durch einen zweiten aus der Philosophischen Fakultät ergänzt. Mit Wilhelm Autenrieth beginnt ab 1895 die eigenständige Ausbildung in Pharmazeutischer Chemie. Inzwischen ist bereits 1882 der Umzug des Chemischen Laboratoriums in das neue Gebäude in der Albertstraße erfolgt. 1920 wird der zur Medizinischen Fakultät gehörende Lehrstuhl in den für physiologische Chemie umgewandelt, und das Chemische Laboratorium kommt 1921 zur neugegründeten Naturwissenschaftlich-Mathematischen Fakultät. 1926–1951 steht die Chemie unter der Leitung von Hermann Staudinger, die Pharmazie erhält 1938 einen Lehrstuhl. Die Physikalische Chemie ist als Fachrichtung seit 1898 durch einen eigenen Lehrstuhl vertreten.

Die Fakultät für Chemie und Pharmazie wird 1969, zunächst als »Abteilung« und Untergliederung der alten Hauptfakultät »Naturwissenschaften-Mathematik«, begründet.

1971 wird sie dann als selbständige Fakultät etabliert. Die Studierendenzahlen waren immer weiter angestiegen und entsprechend die Anzahl der Lehrkräfte auch aufgrund der Differenzierung von Forschungs- und Lehrgebieten. Die Einrichtungen der Fakultät für Forschung und Lehre haben bis 1944 noch in zwei Häusern, dem »Chemischen Laboratorium« in der Albertstraße 21 und dem Institut für Physikalische Chemie in der Hebelstraße 38 Platz gefunden. Nun füllen die acht Institute fünf große Gebäude im Institutsviertel. Besonders hoch ist die Frauenquote in der Pharmazie: fast 70 Prozent der Studierenden sind Frauen.

Unter den vielen herausragenden Professoren sind besonders Georg Karl von Hevesy und Hermann Staudinger, der den Begriff der Makromolekularen Chemie prägte und als Vater der Kunststoffproduktion gilt, zu nennen. Sie erhalten 1943 und 1953 für ihre Arbeiten den Nobelpreis für Chemie.

Arthur Lüttringhaus (1906–1992) wird 1952 als Nachfolger von Hermann Staudinger Ordinarius für Organische Chemie, macht sich früh schon um die chemische Erforschung des Vitamin D verdient. Seine Hauptforschungsgebiete sind die Stereochemie und die Metallorganische Chemie.

Der in den Fächern Chemie und Medizin promovierte und als Apotheker approbierte Kurt Walther Merz (1900–1967) erwarb sich in der Forschung und durch den Aufbau des Pharmazeutischen Instituts nach dem 2. Weltkrieg hohes Ansehen.

Labor in der Biochemie: Das Forschungsspektrum der Fakultät für Chemie und Pharmazie reicht von ressourcen- und energieeffizienten Herstellungsverfahren bis zu modernen Werk- und Effektstoffen mit maßgeschneiderten Eigenschaftsprofilen und neuen hochwirksamen Arzneistoffen mit erheblich reduzierten Nebenwirkungen.

Das Otto-Krayer-Haus in der Albertstraße mit dem Institut für Pharmakologie und Toxikologie und dem Institut für Pharmazeutische und Medizinische Chemie

Umzug mit Tradition: Mit selbstgebastelten Doktorhüten und Fahrzeugen feiern Promovenden der Chemie ihren frisch erworbenen Titel.

Fakultät für Biologie

Die beiden traditionellen Fächer der Biologie – Botanik und Zoologie – werden in Freiburg wie andernorts zunächst an der Medizinischen Fakultät gelehrt. Mit zunehmender Spezialisierung schließen sie sich aber der Philosophischen Fakultät an: die Zoologie 1867, die Botanik erst 1907, also kurz vor Gründung der Naturwissenschaftlich-Mathematischen Fakultät im Jahr 1910, aus der dann 1969 die Fakultät für Biologie hervorgeht.

Räumlich stehen die biologischen Institute seit dem vorigen Jahrhundert in enger Beziehung zum Botanischen Garten. Dieser wird 1873 aus der Enge der Innenstadt in das Institutsviertel verlegt, wo das Zoologische Institut noch heute auf den Grundmauern von 1886 ruht. Um 1912 ziehen die Botaniker samt Garten in die Schänzlestraße um. Die städtische Bebauung hat auch dieses Areal längst umschlossen. Dieses »Biologicum« besteht aus dem Botanischen Garten, dem 1968 bezogenen Gebäude der biologischen Institute II und III an der Schänzlestraße sowie ab 1997 dem Neubau des Biologischen Instituts I (Zoologie) an der Hauptstraße, das auch die Zoologische Schausammlung beherbergt.

Unter den Freiburger Biologieprofessoren des 19. Jahrhunderts ist August Weismann (1834–1914) der bedeutendste. Sein Keimbahnbegriff hat die Evolutionstheorie und die Vererbungslehre grundlegend beeinflusst. Vor und im 2. Weltkrieg liefert der Botaniker Friedrich Oehlkers (1890–1971) trotz politischer Verfolgung grundlegende Beiträge zur Genetik, darunter den Nachweis, dass bestimmte Stoffe Veränderungen des Erbguts auslösen können (chemische Mutagenese). Der Zoologe Hans Spemann (1869–1941) untersucht mit einem großen Schülerkreis entwicklungsphysiologische Wechselwirkungen im Amphibienembryo. Die Ergebnisse, insbesondere die Entdeckung des »Organisatoreffekts«, tragen ihm 1935 den Nobelpreis für Medizin oder Physiologie ein. In neuerer Zeit sind Hans Mohr, Bernhard Hassenstein, Helmut Holzer, Karl Decker, Nobelpreisträger Georges Köhler und Michael Reth zu nennen.

Ab 1964 wächst aufgrund der zunehmenden Studentenzahlen und der rasch fortschreitenden Spezialisierung innerhalb der Biologie die Anzahl der Lehrstühle schnell an. Das Forschungsspektrum reicht heute von der Biochemie und Bioinformatik bis zu den Neurowissenschaften.

Von den mehr als 24.000 Studierenden, die derzeit an der Albert-Ludwigs-Universität eingeschrieben sind, studieren über 1200 an der Fakultät für Biologie.

Das Gebäude der Zoologie in der Hauptstraße bietet im Erdgeschoss eine eigene Schausammlung. Hier treffen sich Exponenten aus aller Welt, unter anderen: Riesengürteltier, Feldhase und Brillenpinguin.

August Weismann (1834–1914) im Kreis seiner Mitarbeiter um 1890. Er erweitert zunächst die zoologische Sammlung der Universität und erhält die erste Professur für Zoologie, die er aufgrund seiner wissenschaftlichen Verdienste zu einem Zoologischen Institut ausbauen kann. Die Stadt Freiburg ehrt ihn 1904 mit der Ehrenbürgerwürde.

Signalwege zur Wundheilung: Freiburger Forschende nutzen die Fruchtfliege Drosophila als Modellorganismus – ihre Gewebeprozesse ähneln denen des Menschen.

Hans Mohr (1930–2016) wird 1960 ordentlicher Professor für Botanik und hat entscheidenden Einfluss auf die Gestaltung der neuen Fakultät für Biologie. Neben der pflanzlichen Entwicklungsbiologie beschäftigt er sich später auch mit Fragen der Ethik, der Technikfolgenabschätzung oder der erneuerbaren Energien.

Mit künstlichen Materialien natürliche Funktionsprinzipien nachbauen: Die Blätter einer Venusfliegenfalle klappen in 100 Millisekunden zusammen – die Bewegung ist eine der schnellsten im Pflanzenreich.

Fakultät für Umwelt und Natürliche Ressourcen

Die im Jahr 1970 gegründeten Fakultäten der Forstwissenschaften und Geowissenschaften haben sich durch die vielfältigen Verflechtungen ihrer Fachbereiche und angesichts neuer gesellschaftlicher Herausforderungen im Umweltbereich neu aufgestellt als Fakultät für Umwelt und Natürliche Ressourcen. Neben den Forstwissenschaften haben die Geowissenschaften und Umweltnaturwissenschaft zusammen mit den Umweltsozialwissenschaften und der Geographie das Forschungsspektrum und Lehrangebot deutlich ausgeweitet. Forschung und Lehre sind inter- und transdisziplinär ausgerichtet.

Die erste deutsche forstliche Lehrkanzel wird 1787 in Freiburg eingerichtet und von dem Kameralisten und Juristen Dr. Johann Jakob Trunk wahrgenommen. Sie besteht in Freiburg jedoch nur bis 1792. 1832 wird das forstliche Unterrichtswesen in Baden neu geordnet und die Lehre an der Polytechnischen Schule in Karlsruhe aufgenommen. Trotz mehrfacher Plädoyers, die forstliche Ausbildung wieder an eine Universität, und zwar von Karlsruhe und Tübingen zurück nach Freiburg zu verlegen, können sich Baden und Württemberg erst 1920 auf den Standort einigen.

Entsprechend kann im Jahr 2020 das 100-jährige Jubiläum gefeiert werden.

Zunächst wird ein gemeinsames Forstliches Institut mit den drei Ordinariaten für Produktionslehre, Betriebslehre und Forstpolitik gegründet und in die Naturwissenschaftlich-Mathematische Fakultät eingebunden. Die weiteren Stationen sind dann die Aufteilung des forstlichen Instituts in vier selbständige Institute, ihre Zusammenfassung 1936 mit den Instituten der forstlichen Grundwissenschaften zur Forstlichen Abteilung innerhalb der genannten Fakultät und ihre Erhebung 1970 zur eigenständigen Forstwissenschaftlichen Fakultät mit neun Instituten. Ab 1997 ziehen die meisten forstwissenschaftlichen Institute in das umgebaute Gebäude des Herder-Verlags an der Tennenbacherstraße.

Die Geowissenschaften sind in verschiedenen Gebäuden untergebracht, zum einen im Institutsviertel, zum anderen am Werderring. Dieser räumlichen Trennung entspricht auch eine starke fachliche Diversifizierung. Den Kernpunkt der Fakultät bilden die Fächer Mineralogie, Geologie und Geographie; mit der Gründung der Fakultät im Jahr 1969 kommen weitere Fächer hinzu. Erste Lehrveranstaltungen in Mineralogie finden 1775 durch Benedict Wülherz statt, ein Mitglied der Medizinischen Fakultät. In der zweiten Hälfte des 19. Jahrhunderts und am Beginn des 20. Jahrhunderts werden dann die Institute für Mineralogie, Geologie und Geographie gegründet.

Bekannte Professorennamen aus der Zeit bis zum Zweiten Weltkrieg sind etwa Gustav Steinmann, Wilhelm Deecke und Wolfgang Soergel für die Geologie, Heinrich Fischer, Carl Alfred Osann und Hans Schneiderhöhn für die Mineralogie, Ludwig Neumann und Friedrich Metz für die Geographie.

In der Fakultät widmen sich auch viele internationale Studierende den Themen Umwelt und Nachhaltigkeit, die traditionell an internationalen wie an regionalen Beispielen und Studienthemen auch vor Ort erforscht werden.

Der überdachte Innenhof des Herderbaus ermöglicht den Erhalt der historischen Fensterfassade bei gleichzeitiger Energieeinsparung.

Hansjürg Steinlin (1921–2004) erhält 1958 den Ruf auf den neu geschaffenen Lehrstuhl für Forstbenutzung und Forstliche Arbeitswissenschaft. 1970-1973 ist er Rektor der Universität, 1973-75 Direktor der Forest Resources Division der Food and Agriculture Organization (FAO) in Rom. Nach seiner Rückkehr begründet er das neue Institut für Landespflege an der Forstwissenschaftlichen Fakultät und hat den Lehrstuhl für »Weltforstwirtschaft und Landespflege« inne.

In den zwei aneinandergebauten Lichtkammern untersuchen die Forschenden, wie sich veränderte Klimabedingungen auf die Vegetation auswirken.

Wolfgang Weischet (1921–1998). Der Meteorologe, Geograph und Klimatologe wird 1961 als Direktor des Instituts für Physische Geographie berufen. Sein Wissenschaftsinteresse ist breit gefächert und reicht von der Klimatologie der nordchilenischen Wüste bis zum Stadtklima Freiburgs. Noch heute ist seine Einführung in die physikalischen Grundlagen der Allgemeinen Klimatologie ein Standardwerk der Geographie.

Ob in den Geo- oder Forstwissenschaften: Naturschutzthemen haben für die Gesellschaft eine große Bedeutung. Die Fakultät präsentiert dazu Exponate zum Anschauen und Mitmachen auf dem Wissenschaftsmarkt der Universität.

Technische Fakultät

Die Technische Fakultät ist die jüngste Fakultät der Alberto Ludoviciana. Ihre Entstehung verdankt sie einer Initiative der regionalen Wirtschaft und der Fraunhofer-Gesellschaft im Jahr 1988 und den hartnäckigen politischen Verhandlungen der Rektoren Rüchardt, Löwisch und Jäger mit der Landes- und Bundesregierung um ihre Finanzierung. Doch nicht die von der Industrie vorgeschlagenen Fächer Elektronik und Maschinenbau, sondern die zukunftsfähigen Fächer Informatik, Mikrosystemtechnik und Materialwissenschaften konnten schließlich umgesetzt und nach zähem Ringen im Jahr 1995 auf dem vom französischen Militär geräumten 40-Hektar-Gelände neben dem Flugplatz eingerichtet werden.

Die Technische Fakultät vereint heute unter einem interdisziplinären Dach die Zukunftstechnologien »Mikrosystemtechnik«, »eingebettete Systeme« und »Informatik«. Hinzu kommen im Jahr 2017 die »nachhaltigen Systeme«.

Die in der Anfangszeit als »Ingenieure neuen Typs« bezeichneten Absolventinnen und Absolventen arbeiten gemeinsam mit den Informatikern an »fühlenden« Prothesen und entwickeln autonome Roboter. Sie lernen im Studium und als Nachwuchswissenschaftler intelligente, sich selbst heilende Materialien herzustellen und forschen an »grünen« Technologien oder nachhaltigen Energiesystemen und Stoffen.

Die Fakultät gliedert sich in drei Institute: das Institut für Mikrosystemtechnik (IMTEK), das Institut für Informatik (IIF) und das Institut für Nachhaltige Technische Systeme (INATECH). Besonders eng ist die Zusammenarbeit mit den fünf Fraunhofer-Instituten in Freiburg sowie den Hahn-Schickard-Instituten, bis hin zu gemeinsamen Bauten auf dem Flugplatzcampus.

Hier verfügt die Fakultät über eine hervorragende Infrastruktur: kurze Wege, moderne technische Ausstattung (u. a. ein Reinraum), umfangreiche E-Learning-Angebote, eine eigene Bibliothek und lange Öffnungszeiten.

Forschung und Lehre sind praxis- und industrieorientiert, was das Studium für die Studierenden aus der ganzen Welt sehr attraktiv macht. Die Absolventen sind weltweit in Wirtschaft und Forschung gefragt. Auffallend ist die hohe Anzahl an Start-ups, die aus der Forschungsarbeit der Institute entstanden sind und eigene Unternehmen gegründet haben.

Von Beginn an nutzt die Technische Fakultät das vorhandene breite Fächerspektrum der Universität Freiburg zur interdisziplinären Zusammenarbeit in Forschung und Lehre. Sie ist eine Bereicherung im klassischen Fächerkanon der Universität.

Das Lehrgebäude der Technischen Fakultät

Der Exzellenzcluster BrainLinks-BrainTools präsentiert seine Forschungsarbeiten zur Künstlichen Intelligenz auf dem Wissenschaftsmarkt der Universität.

Die Forschung zu und an autonomen, mobilen Robotern ist ein Schwerpunkt des Instituts für Informatik: Zwei NAO-Roboter laden hier in die Technische Fakultät ein.

Ein Lego-Baukasten als Grundlage: Jedes Jahr kämpfen 350 Erstsemester der Bachelorstudiengänge Informatik, Mikrosystemtechnik, Embedded System Engineering und Nachhaltige Technische Systeme in 90 Vierer-Gruppen um die Titel des schnellsten, innovativsten und kreativsten Roboters.

Die Universität und ihr Klinikum

Die Medizin ist an der Universität Freiburg von Anfang an dabei. Schon der Stiftungsbrief Erzherzog Albrechts übergibt der Medizinischen Fakultät weitreichende Befugnisse im städtischen Gesundheitswesen. Entsprechend baut die Stadt nie ein eigenes städtisches Krankenhaus. Die Medizinische Fakultät konzentriert sich zunächst auf die Lehre. Erst im Jahre 1751 übernimmt die Fakultät die Krankenversorgung im damaligen Armenspital in der Gerberau, das durch Bürgerstiftungen finanziert wurde. Zur bisherigen Pflege tritt nun die klinische Medizin: die Diagnostik und Therapie durch Professoren und der Unterricht von Studenten am Krankenbett entsprechend der medizinischen Reformen der Wiener Regierung. Unterrichtet wird dann auch in der damaligen »Alten Universität« im heutigen »Neuen Rathaus«; dort befindet sich auch das 1781 erbaute »Auditorium anatomicum«.

Es sind vor allem die Stiftungen der reichen Bürgermeistertochter Katharina Egg und des bekannten Baumeisters und Künstlers Christian Wentzinger, die eine Verbesserung der Ausstattung des bisherigen Hospitals erlauben und 1780 die Errichtung einer neuen Krankenanstalt im früheren Gebäude des »Collegium Sapientiae«, der alten Studentenburse, in der heutigen

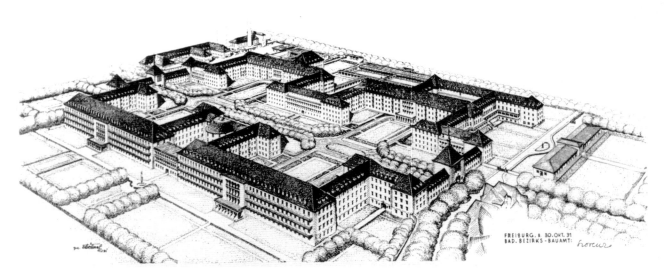

Der ursprüngliche Entwurf von Adolf Lorenz für das neue Universitätsklinikum. Der »Lorenz-Ring« wurde allerdings nicht vollständig ausgeführt. Die westliche Achse bilden heute neue Klinikgebäude.

Herrenstraße ermöglichen. Beide Stifter können so als die Gründereltern des heutigen Universitätsklinikums bezeichnet werden.

Ein größeres klinisches Hospital wird erst 1829 im heutigen Institutsviertel in der Albertstraße gebaut, das seinerzeit modernste Klinikum im Lande. Es ist in drei Kliniken unterteilt: eine Klinik für Innere Medizin, eine Chrirugische und Ophtalmologische Klinik und eine Geburtshilfliche Klinik. Immer neue Fachrichtungen entstehen und die Naturwissenschaften werden zur Grundlage nicht nur medizinischer Forschung, sondern auch des klinischen Betriebs. Die Medizin wird so zu einer naturwissenschaftlichen Disziplin. Dies korrespondiert mit einer reichen Bau-

Das Haus in der Gerberau 34 (links) ist die Keimzelle der Universitätskliniken. Danach belegt die Medizin Gebäude am Franziskanerplatz und in der »Sapienz« an der Herrenstraße. Im Jahre 1829 verlassen die Mediziner mit dem Neubau des Hospitals (hier der Medizinische Hörsaal) an der Albertstraße erstmals die Mauern der Altstadt. 1929 entsteht der sogenannte Lorenzring, bis heute das Areal des drittgrößten Klinikums in Deutschland.

Untersuchungsraum und Operationssaal im Uniklinikum

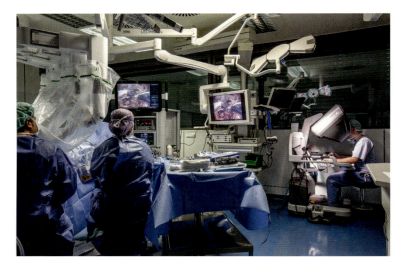

tätigkeit. An der Albertstraße und Hauptstraße entstehen in der zweiten Hälfte des 19. Jahrhunderts eine Vielzahl neuer naturwissenschaftlicher Institute und Fachkliniken. Zwischen 1900 und 1910 verdoppeln sich die Studierendenzahlen in der Medizin auf fast 900. Herausragende Medizinprofessoren werden nach Freiburg berufen: von Kries, Aschoff, Hegar oder Kraske genießen internationalen Ruf. Frauen dringen nicht in diese Professorenriege vor. Immerhin sind die ersten Studentinnen, die in Deutschland zugelassen werden, in Freiburg immatrikuliert worden: alle fünf Frauen studieren Medizin.

1926 bis 1931 entsteht an der Hugstetter Straße die große medizinische Gesamtanlage des Universitätsklinikums, die im Zweiten Weltkrieg völlig zerstört und danach wiederaufgebaut wurde: der nach seinem Architekten genannte »Lorenz-Ring«.

Heute besteht das Klinikum aus 14 Departments, 43 Kliniken und 17 zentralen Instituten. Dazu kommen noch zentrale Einrichtungen und die Schulen für nichtärztliche medizinische Berufe.

Das Universitätsklinikum Freiburg gehört heute mit gut 12.000 Mitarbeitern zu den größten Universitätskliniken in Deutschland. Rund 1400 Ärztinnen und Ärzte sowie knapp 4000 Pflegekräfte versorgen pro Jahr rund 73.000 Patientinnen und Patienten stationär sowie rund 824.000 Menschen ambulant. 3300 Studierende sind im Fach Medizin eingeschrieben.

So groß das Klinikum ist, so groß sind auch die Probleme. Neben der Finanzierung dieses Hochleistungszentrums ist besonders der Mangel an Pflegekräften eine ständige Herausforderung.

Die Stadt zumindest kann sich am Klinikum erfreuen: erspart sie sich damit doch ein eigenes städtisches Krankenhaus.

Die Universität und ihre Stadt

Uni-Turm und Martinstor: »Das Dorf hat Dächer, die Stadt hat Türme« ist das Motto des Freiburger Oberbürgermeisters Otto Winterer (1846–1915).

Papst Calixt III. rühmt in seinem Zulassungsprivileg die Reize der jungen Universitätsstadt Freiburg. Sie sei voll Schönheit, Gesundheit und Reichtum. Doch mit dem Reichtum ist es nicht mehr weit her; die Herrschaft der Zünfte knebelt mit ihren strengen Reglementierungen das Wirtschaftsleben und so ist die Stadt natürlich hocherfreut und daran interessiert, einen belebenden Wirtschaftsfaktor mit bereits im ersten Vorlesungsjahr 234 Studenten, also Konsumenten, in der Stadt zu haben.

Und es ist auch nicht verwunderlich, dass die Stadt zunächst investiert und der jungen Gelehrtenschule mit einem Überbrückungsdarlehen die ersten Jahre zu überstehen hilft. Denn erst 1460 beginnt der Vorlesungsbetrieb, also drei Jahre nach der Gründung. Zunächst muss der erste Rektor, Matthäus Hummel, Lehrpersonal und die finanziellen Mittel in Form von Schenkungen durch den Landesherrn einwerben. Mit dem Darlehen meint die Stadt allerdings auch in die Geschäfte der Universität hineinregieren zu können, was dieser wiederum gar nicht behagt. Kurzum – es kommt zum Streit, der so heftig ist, dass der Stadtschreiber bereits im Jahr 1481 verärgert meint: »Meine Herren haben tausend Gulden darauf gelegt, bis sie die Universität hergebracht haben – und wenn es so weitergehen sollte, so würden sie noch 1000 Gulden drauflegen, um sie wieder weg zu schaffen«.

Die Privilegien der Universität sind bereits im Stiftungsbrief Erzherzog Albrechts festgelegt und die Stadt ist verpflichtet, mit einem jährlichen Schwur des Bürgermeisters gegenüber dem Rektor die Privilegien der Universität zu bestätigen und stets »das Ansehen der Hohen Schule zu mehren«.

Freilich – dass dieser Schwur oft zähneknirschend geleistet wird, ist anzunehmen, hat doch Albrecht VI. der Universität zwei

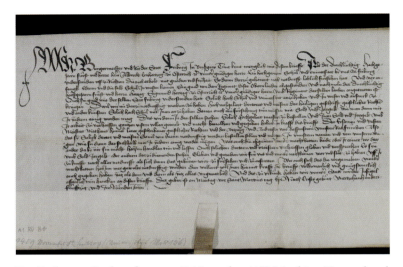

Der Freiburger Rat beauftragt am 5. November 1459 Matthäus Hummel und Andreas von Bossenstein, geeignete Hochschullehrer in der Theologie und den Artes Liberales für die neue Universität einzuwerben, und garantiert deren Gehälter.

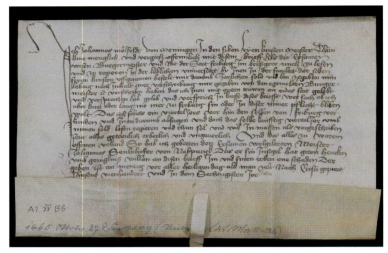

Bestätigung Johannes Mölfelds, dass er als Hochschullehrer von der Stadt bezahlt wird.

wichtige Freiheiten zugebilligt, die den Bürgern Freiburgs ein ständiger Dorn im Auge sein müssen.

Zum einen das Recht, selbst über ihre Mitglieder Recht zu sprechen.

Studenten, die sich nächtens in den Rebbergen am Schlossberg selbst bedienen, sich bei der Kirchweihe mit den Bürgersöhnen raufen oder gar deren Schwestern belästigen, können daher nicht von der städtischen Gerichtsbarkeit belangt werden, sondern obliegen der Gerichtsbarkeit des Rektors, der dann – aus Bürgersicht oft zu milde – über die eigenen Studiosi zu Gericht sitzt. Die Strafen reichen von Geld- und Karzerstrafen bis zum Ausschluss aus den Bursen, in deren Folge der Übeltäter dann allerdings dem städtischen Arm der Gerechtigkeit übergeben wird.

Ein weiteres Privileg betrifft den Geldbeutel der Stadt: die Angehörigen der Universität genießen nämlich Steuer- und Zollfreiheit. Und nicht genug: wo es ein Steuergesetz gibt, erkennen findige Menschen – Akademiker besonders – sofort auch eine Lücke. Im Jahr 1481 sorgt ein Streitfall um die sogenannten »magistri uxorati«, die »beweibten Universitätslehrer« also, für einen Aufruhr unter der Bürgerschaft. Universitätslehrer und Studenten heiraten nur zu gern reiche Freiburger Bürgersfrauen – reiche Handwerkerwitwen genießen in akademischen Kreisen größte Beliebtheit – und wollen für ihr eingeheiratetes Gut und Weib keine Steuern mehr zahlen. Man einigt sich auch hier im Jahre 1501, dass nicht mehr als acht Doktoren und Magister einschließlich zwei Ärzten als Ehemann einer Freiburgerin in den Genuss der Sonderprivilegien der Universität kommen dürfen.

Da die Universitätslehrer auch als Häuslebauer aktiv sind, fügt man im Jahr 1517 noch die Bedingung hinzu, dass nur 26 Akademiker innerhalb der Stadtmauern Grundbesitz erwerben können.

Diese Gerichtsautonomie und die Befreiung des Lehrkörpers von städtischen Abgaben vermitteln den Freiburgern bisweilen das Gefühl, eine »Stadt in der Stadt« zu beherbergen.

Die beiden Zepter der Universität datieren aus den Jahren 1466 und 1512. Es sind vergoldete Silberarbeiten. Das Zepter von 1466 (links) ist ein schlanker, sechskantiger Stab aus getriebenem Silber auf Holzkern mit vergoldeten Schaftringen. An der Spitze des Zepters ist eine gegossene und vergoldete Laubwerkbekrönung. Das pfälzische Wappen neben dem Freiburger Stadtwappen und dem österreichischen Bindenschild verweist auf die humanistisch gebildete Gattin des Erzherzogs, Mechthild, einer Tochter des Kurfürsten und Pfalzgrafen bei Rhein.

Zu diesem Zepter ließ die Universität 1512 bei dem Freiburger Goldschmied Peter Sachs ein neues, reicher geschmücktes anfertigen (rechts), das als Zepter des Rektors verwendet wurde, während das Zepter von 1466 im 18. Jahrhundert als Zepter der Philosophischen Fakultät bezeichnet ist. Die Zepter wurden von dem Pedell als Hoheitszeichen der Universitätsherrschaft dem Rektor oder den Dekanen vorangetragen.

Auch an der Fronleichnamsprozession im Jahr 1909 präsentiert sich die Universität, 3 Korpsstudenten vorneweg.

Geschenk der Stadt Freiburg zum 550-jährigen Jubiläum (OB Dieter Salomon, links, mit Rektor Prof. Wolfgang Jäger): An den Eingangsstraßen zur Stadt bringt sie neue Straßenschilder mit dem Aufdruck »Universitätsstadt Freiburg« an.

Das Uni-Zentrum heute aus der Vogelperspektive: eines von 7 Campusarealen der Uni in der Stadt

Doch nicht nur hier heilt die Zeit die Wunden und man einigt sich wie auch in einem anderen Streitfall: dem Vortritt bei der Fronleichnamsprozession. Die Frage nämlich, ob Bürgermeister und Stadtrat oder Rektor und Senat den Vorrang haben, beschäftigt die erhitzten Gemüter über mehrere Jahrhunderte, bis man im 18. Jahrhundert schließlich zu einer salomonischen Lösung findet: Man geht einfach nebeneinander.

Auf der anderen Seite beteiligen sich die Studenten in Zeiten der Bedrohung tatkräftig an der Verteidigung der Stadt. Einen ansehnlichen und jedem Freiburger einsichtigen Nutzen haben die Bewohner der Stadt auch von der Universitätsklinik.

So feierten denn auch Stadt und Universität gemeinsam, wenn drohende Auflösungen der Universität, zum Beispiel im Jahre 1818, abgewendet werden können. Und so endet auch die Schwurformel des Bürgermeisters mit den versöhnlichen Worten: »… dessen sollen wir und die Universität uns je zu Zeiten miteinander (so wir's vermögen) gütlich und freundlich vertragen«.

Attraktive Studienstadt

Freiburg ist eine der beliebtesten Städte Deutschlands. Danach gefragt, in welcher Stadt sie am liebsten wohnen würden, geben Bundesbürger Freiburg immer wieder an vorderer Stelle an. Das gilt in gleichem Maße auch für Freiburg als Studienstadt. Wer ein Studium beginnen will, hat oft einen gewissen persönlichen Spielraum bei der Wahl des Studienortes. Doch vielen Studienbewerbern machen örtliche Zugangsbeschränkungen einen Strich durch die Rechnung.

»Tausche Studienplatz in … gegen Freiburg.« Solche und ähnliche Texte findet man in den einschlägigen Online-Börsen und analog an den »schwarzen Brettern«. Und wer sein Studium abgeschlossen hat, verlässt die »Schwarzwaldmetropole« nur ungern. Viele der ehemaligen Studenten kehren gerne wieder zurück – und sei es auch nur zu einem Besuch.

Was macht das Studium in Freiburg so attraktiv? Ist es die Universität an sich – die 11 Fakultäten mit ihren über 200 Fä-

Auch das gehört zum Studieren: Mensa-Partys, Kleinkunst und Konzerte.

chern, die studiert werden können? Ist es die gute fachliche Ausbildung, die in Freiburg zu Recht erwartet werden kann? Die hohe Zahl von in Freiburg arbeitenden Humboldt-Stipendiaten – durch Stipendien geförderte ausländische Gastwissenschaftler – wird hier als Qualitätsmerkmal gewertet.

Oder ist es der besondere Charakter der gewachsenen geschichtsreichen Stadt, der Charme der verwinkelten Altstadtgassen, in denen man immer wieder Neues entdeckt? Beides, die Qualität von Forschung und Lehre und der »Freizeitwert« der Stadt Freiburg und ihres Umlands dürften ihren Teil dazu beitragen.

Die Universität ist in die Stadt integriert. Die Hörsäle und Seminarräume der geisteswissenschaftlichen Fakultäten, die Mensa I und die Universitätsbibliothek mit ihrem Angebot von über drei Millionen Büchern und sonstigen Medien liegen im Zentrum der Stadt. Das sogenannte »Institutsviertel« inmitten von Grünanlagen grenzt nördlich an die Altstadt und ist in wenigen Minuten zu Fuß erreichbar.

Das »Institutsviertel«, der Campus der Naturwissenschaft, im Norden der Altstadt

Das KG II, 1961 fertiggestellt, steht heute bereits unter Denkmalschutz.

Das Universitätsklinikum – ein Krankenhaus der Maximalversorgung, aber auch Forschungs- und Lehrzentrum

Auch das große Universitätsklinikum, das medizinische Zentrum für ganz Südbaden, westlich der Freiburger City gehört zum erweiterten Stadtkern. Das ist für viele Studierende wichtig: nicht isoliert außerhalb der Stadt zu leben und zu arbeiten, sondern inmitten der Stadtgemeinde, mit der die Universität eine gemeinsame, über 560-jährige Geschichte verbindet.

Die Stadt selbst stellt für viele Einheimische und »Zugereiste« einen goldenen Mittelweg zwischen Groß- und Provinzstadt dar. Es verbinden sich hier städtische Lebendigkeit und eine Überschaubarkeit, die es leicht macht, sich hier heimisch zu fühlen.

Über die Jahrhunderte hinweg sind die Beziehungen zur Stadt immer sehr eng, vielseitig und – trotz gelegentlicher Probleme – für beide Seiten fruchtbar. Wie die Beziehungen zwischen Universitäten und der Gesellschaft stets von Spannungen geprägt sind, überschneiden sich auch die Interessensphären von Universität und Stadt Freiburg nie vollständig. Was die Alberto-Ludoviciana und Freiburg anbelangt, ziehen beide Seiten viel Positives aus dem Neben- und Miteinander. Die Universität war und ist ein integrierender und integraler Bestandteil der Stadt und heute ihr kultureller, sozialer, gesellschaftlicher und wirtschaftlicher Motor.

Den Kern des Uniklinikums bilden die Gebäude des Lorenz-Rings aus dem Anfang des 20. Jahrhunderts. Zahlreiche neue Bauten sind hinzugekommen und umfassen heute insgesamt eine Fläche von 520.000 Quadratmetern.

Bekannte – unbekannte Alma Mater

Jeder Freiburger meint »seine« Albert-Ludwigs-Universität zu kennen. Sie liegt mitten in der Stadt: Die Uni-Bibliothek findet man gleich neben dem Stadttheater, das Uni-Zentrum gegenüber. Das Institutsviertel grenzt direkt nördlich an die Altstadt und auch das Universitätsklinikum ist den Bürgern bekannt. Aber was weiß man tatsächlich noch von »seiner« Uni? Was tun all die Tausenden von Studenten, Assistenten, Dozenten tagaus und tagein? Die in den alten und neuen Gebäuden betriebene Wissenschaft wird unüberschaubarer, längst nicht nur für den Bürger draußen vor den Türen.

Die Stadt lebt von der Wirtschaftskraft ihrer Universität, die bis heute mit allen Bereichen in »fußläufiger« Nähe zur Innenstadt liegt.

Die Freiburger treffen sich auf dem Münstermarkt – zu einem Schwätzchen oder zur »langen Roten«.

Die Universität hat sich in den letzten 30 Jahren weit geöffnet. Alle Informationen stehen in anschaulichen und durch Bilder begleiteten Texten im Internet zur ständigen Verfügung. Jede Zielgruppe findet hier eine Antwort auf seine Fragen. Hinzu kommen eine Vielzahl von Publikationen und Veranstaltungen. Und es gibt immer noch das »Studium generale« mit seinem breiten Angebot an Vorträgen und Kursen sowie das öffentliche Angebot der Universitätsbibliothek und das Gasthörerprogramm sowie die internationalen Sommerkurse. Was neu ist: das Angebot der Hochschule an Weiterbildung für Jedermann und -frau in Kursen und sogar eigenen Qualifizierungsangeboten mit BA- und Master-Abschlüssen.

Die Universitäten waren von jeher ein Kreißsaal, in dem manchmal schmerzhafte neue Ideen und Werte geboren wurden. Wer etwas Interesse mitbringt und nicht in ehrfurchtsvollem Erstaunen vor der Wissenschaft erstarrt, wer sich nicht mit alten Vorurteilen im Kreis dreht, der wird auch weiterhin oder wieder neu die Universität als einen festen Bestandteil der Stadt Freiburg und ihrer internationalen Beziehungen zu schätzen wissen.

Treffpunkt der Jugend und Gedenkstätte: der Platz der Alten Synagoge zwischen UB und Kollegiengebäuden

Auch das gehört zum Arbeiten in der UB: Chillen im Design-Sessel mit Buch und Blick auf die Stadt.

Spiegelung als Programm: die neue Freiburger UB. Die Wasserfläche zeigt den Grundriss der durch die Nationalsozialisten zerstörten Alten Synagoge.

Die Universität und ihre Region

Freiburg liegt in der klimatisch verwöhnten Südwestecke Deutschlands. Temperaturen und Sonnenscheindauer erreichen hier Spitzenwerte. Die einzelnen Stadtteile reichen von der Breisgauer Bucht unmittelbar am Rande des Schwarzwaldes bis in die Oberrheinebene und münden in das waldgesäumte Dreisamtal.

Einer der höchsten Gipfel des Schwarzwaldes, der 1284 Meter hohe Schauinsland, ist der Freiburger Hausberg. Er liegt auf der Gemarkung der Stadt. Damit überbrückt Freiburg einen Höhenunterschied von 278 bis zu 1284 Metern über dem Meeresspiegel.

Auf dem Schlossberg und dem Lorettoberg, die beide an die Altstadt grenzen, sowie auf dem nahegelegenen Schönberg wachsen vollmundige Weine heran. Überhaupt kommt der Weinkenner im südlichen Baden voll auf seine Kosten. Kaiserstuhl, Tuniberg und Markgräflerland sind jedem Weinliebhaber ein Begriff. Selbst die Universität pflanzt hier eigenen Wein.

Die Umgebung der Stadt bietet dem Naturfreund eine Fülle von Ausflugszielen. Neben dem Kaiserstuhl, dem Tuniberg und dem Freiburger Hausberg, der nicht nur erwandert, sondern auch mit der Seilbahn »bezwungen« werden kann, sind dies vor allem die Rheinebene mit ihren unter Naturschutz stehenden Auenwäldern und der Hochschwarzwald. Hier findet man Seen, Aussichtspunkte, unzählige Waldwanderwege – und Entspannung und Ruhe. Wer noch einsamere und unberührte Gegenden sucht, kommt in den weniger als einer Autostunde entfernten Vogesen jenseits des Rheins im Elsass auf seine Kosten.

Überhaupt ist dies ein Vorteil der Lage Freiburgs: Nur etwa 30 Kilometer sind es von der Stadtmitte bis zur französischen und 70 Kilometer bis zur Schweizer Grenze bei Basel. Weitere Erholungsgebiete und Reiseziele können hier erwandert und »erfah-

Unten der Nebel, oben Sonne: Der Schwarzwald lädt zum Entspannen, Biken, Wandern ein.

ren« werden. Die Lage in der Südwestecke des Landes lässt auch südliche Reiseziele in Reichweite rücken.

Die »Regio« wird nicht nur wegen des gemeinsamen »alemannischen Dialekts« großgeschrieben. Die Regio-Universitäten

Schwarzwaldhauptstadt Freiburg: Nur wenige Schritte und man ist in den Bergen. Die »Green City« präsentiert sich hier im Stadtteil Herdern.

Großer Andrang und La-Ola-Wellen beim Erstsemestertag der Uni im SC-Stadion.

Studierendenleben in Freiburg: chillen und baden in der Dreisam

Über 100 studentische Gruppen stellen sich den »Erstis« und ihren Eltern unter der Osttribüne des Dreisamstadions vor.

Basel, Mulhouse, Strasbourg, Karlsruhe und Freiburg arbeiten in Forschung und Lehre über die Grenzen hinweg in der »Europäischen Konföderation« (Eucor) eng zusammen und ein Eucor-Studentenausweis ermöglicht ein Studium ohne Grenzen.

Um in Freiburg selbst Freizeit genießen zu können, sind keine weiten Ausflüge nötig. Vielseitige Betätigungsmöglichkeiten bieten sich dem Sportbegeisterten in der Breisgaumetropole und ihrer Umgebung. Vom Schwimmen und Surfen in einem der zahlreichen Seen der näheren Umgebung bis zum Segeln am Schluchsee, Drachenfliegen am Kandel und Kletterkurs in Todtnau ist alles geboten.

Nicht zu vergessen eine der beliebtesten Sportarten: das Skilaufen im Schwarzwald, sei es nun alpin an den unzähligen Liften von Schauinsland, Feldberg, Stollenbach und in all den anderen Skigebieten, oder Langlauf auf vielen hundert Kilometern Loipe. »Professor Feldberg« ist im Winterhalbjahr auch heute noch eine ernstzunehmende Konkurrenz für die Dozenten in den Hörsälen der Universität.

Wer sich in einem Verein sportlich engagieren will, dem stehen in Freiburg nicht weniger als 150 Sportvereine zur Auswahl. Bis auf Sportarten, die nur im oder auf dem Meer möglich sind, bestehen in Freiburg keine Einschränkungen. Und für Passivsportler bietet der Fußballbundesligist SC Freiburg einen hohen Identifikationsfaktor.

Ein sehr umfangreiches Sportprogramm steht dem Studenten zum größten Teil unentgeltlich im Allgemeinen Hochschulsport der Universität zur Verfügung. Von Fitnesstraining und der Jazzgymnastik über Ballsportarten, Leicht- und Schwerathletik bis zu Kanukursen, Fechten und Drachenfliegen laden 50 Sportarten in der »Sport-Uni« im Osten Freiburgs zum Mitmachen ein.

Studieren ist heute nicht einfach. Hohe Anforderungen, bei vielen der Zwang, zur Finanzierung des Studiums zu jobben, und vor allem die Wohnungsnot sind Schattenseiten des »lustigen Studentenlebens«. Doch auch das gehört zum Studium: Weit über 400 Gasthäuser, Kneipen, Cafés, Weinstuben, Studentenclubs, Discos und Bars bieten ein breites Angebot zum Chillen und Feiern.

Winter in Freiburg: Nur wenige Minuten und man ist auf der Skipiste. Der »Professor Feldberg« bietet viele Ski-, Rodel- und Snowboardpisten.

Nicht nur für Sportstudierende: Das Programm des Allgemeinen Hochschulsports steht allen Studierenden und Mitarbeiter:innen offen.

Eines von zwei Museen der Uni: Das Uniseum Freiburg gibt allen Interessierten einen spannenden und kurzweiligen Einblick in die Geschichte und Gegenwart der Freiburger Universität.

Der SC Freiburg genießt bundesweit und bei den Studierenden hohe Sympathiewerte.

Einen ebenso großen Einfluss üben die Studenten auf das kulturelle Angebot in der Stadt aus. Die Vielfalt und Zahl der Veranstaltungen kann sich getrost mit wesentlich größeren Städten messen lassen. Mehr als 20 Kinosäle, ein Stadttheater mit mehreren Spielräumen, ein Konzerthaus, ein Kinder- und Jugendtheater und eine Vielzahl kleinerer privater Theater, dazu Profi- und Amateurgruppen ohne feste Vorführräume, auf deren Programm Theater, Comedy, Kleinkunst, Tanz und Musik stehen, lassen die Wahl der abendlichen Unternehmungen oftmals zur Qual werden. Musik »live« gibt es auch im »Jazzhaus«. Zu erwähnen sind auch das überregional bekannte »Zeltmusikfestival«, die Münster-Orgelkonzerte und die Rathaushof-Festspiele in den Sommermonaten sowie das Kulturprogramm von Musikhochschule und AStA der Universität. Dazu kommt noch die selbstverwaltete »Alternativkultur«, vor allem Musik, Theater und Kabarett.

Die Mehrzahl der Veranstaltungen ist schnell mit dem Rad oder mit öffentlichen Verkehrsmitteln erreichbar. Archäologie,

Ethnologie, Kunstgeschichte und bildende Kunst bieten die Städtischen Museen und 30 Galerien.

Regelmäßige Veranstaltungen – Vorträge und Filme – gibt es in allen Schattierungen zu den Bereichen Reise, Politik und Wissenschaft. Nicht zuletzt die Universität hält ein breit gefächertes Angebot bereit zu aktuellen gesellschaftlichen Fragestellungen. Unter anderem versucht das »*Studium Generale*« zwischen den Fächern Brücken zu schlagen und einer Überspezialisierung im Studium durch Vortragsveranstaltungen und »Kunstkreise« vorzubeugen. Eingeladen sind nicht nur Studenten und Dozenten aller Fachrichtungen, sondern alle interessierten Bürgerinnen und Bürger.

Wem dieses großstädtische kulturelle Angebot noch nicht reicht, der bekommt außerhalb Freiburgs Grenzen in der Regio mehr geboten, sei es in den elsässischen Städten Colmar und Straßburg oder in Basel, die mit ihren Theatern, Museen und Konzerten jedem Geschmack etwas zu bieten haben.

Starke Anziehungskraft gerade bei Studenten übt Freiburg auf diejenigen aus, die sich für andere Formen des Lebens, des Arbeitens und des Umgangs mit der Natur interessieren. Natur und Umwelt haben eine starke Lobby in Freiburg. Die Umweltforschung an der Universität und anderen Freiburger Forschungsinstituten sowie die umweltorientierten Aktivitäten der »Green City« Freiburg haben dazu geführt, dass Freiburg mittlerweile als die »ökologische Hauptstadt« Deutschlands gilt.

Seit 1911 bietet die Uni mit ihrem »Studium generale« allen Bürger:innen, Studierenden und Mitarbeiter:innen einen Blick über die Fachgrenzen hinweg.

Forschen und lehren – studieren und lernen, das sind die Grundpfeiler. Aber feiern gehört auch dazu: Uni-Sommerball 2008.

Die vier Partneruniversitäten Freiburgs im Oberrheinverbund EUCOR: Strasbourg, Mulhouse, Karlsruhe und Basel (von links oben im Uhrzeigersinn)

Die Universität und die Welt

Fünf Uni-Rektor:innen gründen mit politischer Unterstützung 2015 Eucor als EVTZ (Europäische Verbünde für territoriale Zusammenarbeit) und damit als anerkannte europäische Institution.

Schon seit ihrer Frühzeit wird die Freiburger Universität von ausländischen Studierenden besucht. In Landsmannschaften zusammengefasst, stellen sie in den ersten Jahrhunderten einen gewichtigen Faktor innerhalb der Universität dar. Heute sind es fast 4500 Studierende, die aus dem Ausland kommen – mit steigender Tendenz.

Seit der Nachkriegszeit unterhält die Universität Freiburg eine Vielzahl von Partnerschaften mit ausländischen Universitäten. Die engsten Beziehungen bestehen zur Regio-Universität Basel, die gerade in den schwierigen und harten Nachkriegsjahren viel für die Freiburger Studierenden geleistet hat. 1957 kam die University of Glasgow hinzu und im Jahr 1958 die Universität Grenoble in Frankreich.

In den 70er Jahren ging es dann Schlag auf Schlag: Partnerschaften mit Universitäten in Nordamerika, aber auch mit Universitäten in Brasilien, Rumänien, Österreich, Kanada, Israel oder Ungarn folgten.

Die Universität Freiburg ist international bereits hervorragend vernetzt. Sie kann auf Spitzenwerte bei den internationalen Co-Autorenschaften im Bereich der wissenschaftlichen Publikationen blicken und liegt mit mehr als 30 % internationalen Masterstudierenden und 35 % internationalen Doktoranden laut DAAD-Bericht 2018 im Spitzenbereich der deutschen Hochschulen.

Das Eucor-Logo

Die Universität verfolgt international ein Mehrschichtprinzip: Die erste Schicht besteht aus ihren trinationalen Partnern in der Region mit Eucor – The European Campus, die zweite Schicht umfasst ihre europäischen Partner Amsterdam, Posen, Wien und Thessaloniki (EPICUR) sowie die Partner in der Liga der Europäischen Forschungsuniversitäten (LERU), und die dritte Schicht umfasst ihre wichtigsten globalen Premium-Partner in Adelaide (Australien), Nagoya (Japan), Nanjing (China), bei Penn State (USA) und in Accra (Ghana).

Einen besonders engen Kontakt hat die Freiburger Universität zu den Universitätspartnern in der Regio. 1989 gehört die Albert-Ludwigs-Universität zu den Gründungsmitgliedern von Eucor, der »Europäischen Konföderation der Universitäten am Oberrhein«. Dazu zählen Basel, Mulhouse, drei Universitäten in Straßburg, die Universität Karlsruhe und eben unsere Universität in Freiburg. Ziel ist es, im Kleinen das zu verwirklichen, was man bislang im großen europäischen Rahmen noch nicht geschafft hat: ein gemeinsames Studium und gemeinsame Forschung in Europa. Der »European Campus« ist ein einzigartiger trinationaler Universitätsverbund und Wissenschaftsraum ohne Mauern und Grenzen im Herzen Europas. Mit dieser Ausrichtung ist die Universität Freiburg auf dem Weg zu einer Europäischen Universität.

Umweltbildung und Naturschutz: Studienfahrt des Waldbauinstituts nach Kirgisistan

Trinationale Region, internationale Uni: Hydrologiestudierende bei einer Lehrstunde vor dem Colombischlössle

Die »Alte Uni« im Stadtzentrum mit Universitätskirche beherbergt heute das Universitätsmuseum, das »Uniseum Freiburg«.

Geschichten aus der Uni-Geschichte

Die Universität und die Frauenfrage

Studenten diskutieren, Frauen flanieren vor dem neuen Kollegiengebäude. Die ersten Studentinnen haben einen schweren Stand in der »Männerwelt Universität«. Das Frauenstudium ist ein Drahtseilakt, wie auf der Postkarte von 1899 zu sehen ist.

Die Universität Freiburg hat als erste in Deutschland Frauen zum Studium zugelassen. Soweit die positive Nachricht. Das heißt aber auch, dass Frauen 424 Jahre lang in der offiziellen Geschichtsschreibung der Albert-Ludwigs-Universität nicht vorkommen.

Den Studenten ist anfangs jeder Kontakt mit dem weiblichen Geschlecht untersagt, das Verlassen der Burse nur in Begleitung des Lehrers erlaubt. Durch Beschluss vom 12. Mai 1465 wird in den Statuten festgelegt: »Auf nächtliche Ruhestörungen bei den Frauenklöstern, Ausgehen, Schreien und Höhnen, oder Hofieren, Plaudern, Briefabgeben und Einsteigen daselbst, ist ohne Gnade ein Monat Karzer, und zwar jeden Montag, Mittwoch und Freitag bei Wasser und Brot gesetzt.« Nicht erlaubt ist der Besuch von Frauenhäusern und entfernten Kirchweihen sowie alle Teilnahme an Ringeltänzen auf dem Münsterplatz oder anderswo.

Es dauert also vier Jahrhunderte, bis die Frauen auch an der Universität studieren können. Noch 1884 hat man das Frauenstudium abgelehnt. Nachdem aber erste Gymnasiastinnen kurz vor der Abiturprüfung stehen, lässt sich das Thema Frauenstudium trotz starker Bedenken der Professorenschaft nicht mehr umgehen. Das badische Kultusministerium ergreift die Initiative und signalisiert seinen beiden Hochschulen, dass den badischen Abiturientinnen das Studium offenstehen müsse. Heidelberg reagiert widerwillig, Freiburg wartet ab.

Bei einer Umfrage im Jahre 1899 sollen sich die Fakultäten zum Frauenstudium äußern. Während die Theologische Fakultät zu dem Thema lakonisch: »Fehlanzeige« meldet, äußert der Universitätspsychiater strengste Bedenken gegen das Frauenstudium. Und auch die männlichen Kommilitonen sind eher skeptisch. »Weiber an den Kochtopf, Weiber an die Waschbütt, Weiber in

112

Die ersten fünf Frauen werden zum Studium zugelassen – eine Neuheit in Deutschland. Ihr voriges Gasthörersemester 1899/1900 wird in der letzten Spalte der Immatrikulationsakte nachträglich als Studienbeginn anerkannt.

Auch Frauen organisieren sich in Verbindungen: Der 1914 gegründete katholische Studentinnenverein benennt sich nach einer Äbtissin des nahen Klosters auf dem Odilienberg »Herrad«.

Weiber an den Kochtopf,
Weiber an die Waschbütt,
Weiber in den Kuhstall,
Weiber aus dem Hörsaal. B.

Männliche Ressentiments: Der in eine Hörsaalbank geschnitzte und im Band »Akademische Holzschnitzkunst« von 1911 festgehaltene Spruch zeigt, wie schwierig für Frauen noch viele Jahre das Studieren war.

113

den Kuhstall, Weiber aus dem Hörsaal«, schnitzt ein Student um die Jahrhundertwende in seine Holzbank.

In Freiburg erkämpft sich die Karlsruherin Johanna Kappes mit einer Petition die Immatrikulation für sich und weitere vier Frauen, und zwar zunächst als Gasthörerinnen im Fach Medizin. Die in dieser Hinsicht fortschrittliche badische Regierung reagiert schließlich am 28. Februar 1900 mit einem Erlass, Frauen mit deutschem Reifezeugnis zum Studium zuzulassen.

Da das Freiburger Rektorat den fünf Frauen ihr Semester als Gasthörerinnen im Wintersemester 1899/1900 nachträglich anerkennt, ist die Universität Freiburg die erste in Deutschland, die Frauen zum Studium zulässt.

Sind Frauen anfangs eher nur geduldet – manche Professoren begrüßen die Studierenden bei Vorlesungen weiterhin mit »Meine Herren!« –, erkämpfen sie sich beharrlich ihre Rechte und gehen wie selbstverständlich in ihrem Studium auf. Elly Knapp, die spätere Ehefrau des Bundespräsidenten Theodor Heuss, schreibt in ihrem Tagebuch über die ersten Studientage in Freiburg: »Ich komme mir so bevorzugt vor. Ich stehe in der Sonne und fühle, wie mir die Flügel wachsen«. Kann man seine Studienzeit schöner beschreiben?

Heute hat sich – bei den Studierenden zumindest – die Situation grundlegend geändert: 52 Prozent der 24.391 Studierenden im Wintersemester 2019/20 sind Frauen. Im Laufe der wissenschaftlichen Laufbahn geht die Geschlechterschere allerdings immer noch deutlich auseinander: Zwar wird bereits 1895 die erste ausländische und 1901 die erste deutsche approbierte Ärztin in Freiburg zum Dr. med. promoviert, denen bis 1909 weitere 22 Medizinerinnen folgen. Dennoch bleiben Frauen mit einem Doktortitel an den Universitäten lange Zeit in der Minderheit. 2019 sind immerhin von 693 Promovierenden bereits 343 Frauen.

Bis sich nach der Immatrikulation der ersten Studentinnen in Freiburg die erste Frau habilitieren kann, gehen mehr als 30 Jahre ins Land: Erst 1931 kann sich Berta Ottenstein im Fach Dermatologie habilitieren. Die Universität hat nach ihr ihren Frauenförderpreis benannt.

Es dauert weitere 25 Jahre, bis mit der Chemikerin Elfriede

Berta Ottenstein (1891–1956) promoviert in den Fächern Chemie und Medizin und habilitiert sich im Sommer 1931 als erste Frau an der Universität Freiburg. Der Dermatologin wird aufgrund ihrer »nicht-arischen Herkunft« die Lehrbefugnis entzogen und sie muss über die Stationen Ungarn und Türkei in die USA emigrieren. Als »Wiedergutmachung« wird sie nach dem Krieg 1951 zur außerplanmäßigen Professorin ernannt.

Husemann die erste Frau an der Freiburger Hochschule eine Professur erlangt. Und es bedarf mehr als 530 Jahre, bis bei den Juristen die erste Professorin berufen wurde, und mehr als 560 Jahre, bis 2020 mit Kerstin Krieglstein erstmals eine Frau an die Spitze der Freiburger Universität gewählt wird. 2020 ist knapp ein Viertel der Professorenschaft der Universität Freiburg weiblich.

Man sieht auch hier: eine Universität denkt und atmet in Jahrhunderten.

Studium während des Krieges: Veronica Prior, spätere Ehefrau von Bundespräsident Carstens, und Magdalena Rühl bereiten sich auf das Medizinexamen vor. Prior schreibt: »Wir entschwebten geistig in eine andere Welt – in der Vorahnung, dass das Schlimme noch vor uns lag«. Das Alumni-Büro nutzt die Szene heute in einem Poster.

Heute sind mehr als 50 Prozent der Studierenden Frauen – Tendenz steigend.

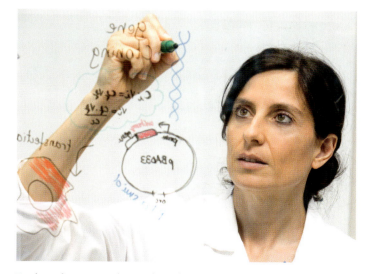

Doch noch immer geht mit fortschreitendem Karriereweg die Geschlechterschere auseinander: Bei den Promovierenden sind im WS 2021/22 insgesamt 52 % weiblich, bei den Habilitierenden 17 % und bei den Professuren 27,4 %.

Die Universität und der Sport

»Mens sana in corpore sano«: Ein gesunder Geist wohnt in einem gesunden Körper. Trotz dieser antiken Tradition spielt der Sport – zumindest im Lehrprogramm der Universität – über Jahrhunderte keine Rolle. Erst in einem Werbeplakat des Jahres 1688 werden wir darauf hingewiesen, dass neben den geistigen Studien durchaus auch die körperliche Ertüchtigung ihre Berechtigung hat. Ein Tanzmeister unterrichtet nun nämlich die Tanzkunst und der Kurs beim Fechtmeister kostet ein Gulden und drei Batzen pro Monat.

Im 19. Jahrhundert ist der Sport dann auf dem Vormarsch. Das bei den Studenten beliebte Fechten nimmt so weit überhand, dass es schließlich nur in einer speziell von der Universität für diesen Sport 1894 erbauten Akademischen Turn- und Fechthalle nach einer eigenen Fechtboden-Ordnung ausgeübt werden darf. Und natürlich bieten auch die studentischen Verbindungen Fechtunterricht an. Gegen eine Gebühr von 30 Pfennigen im Semester sind die Studenten gegen alle Unfälle versichert. Ausdrücklich sind die Fecht- und Turnhalle und die akademische Reitschule mit einbegriffen, so dass auch, wie Fritz Baumgarten zum 450-jährigen Jubiläum die Vorzüge des Studiums in Freiburg preist, »nach dieser Seite hin der jugendliche Wagemut einer guten Deckung sich erfreut«.

Aber auch der Freiburger Winter habe seine besonderen Vorzüge: »Außer schönster Gelegenheit zum Schlittschuhlaufen auf dem städtischen Eisweiher und dem idyllisch gelegenen Waldsee bietet das Gebirge in seinen höheren Lagen vom Oktober ab bis in den April hinein herrliche Schneeflächen zur Ausübung des neuerdings so beliebten Skisports ... Gelingt es auch vorläufig nicht, die Norweger im Fahren und Springen zu erreichen, so sind doch

Akademische Studentenfreizeit: Ski-Erstersteigung Oberalpstock 1896

Der Vorgänger des »Aerobic-Massenzappelns«: Gruppengymnastik 1930 im neuen Universitätsstadion

Sehr beliebt ist der akademische Kanuclub der Uni, hier während einer Regatta beim Wassersportfest im Juli 1929 in Breisach.

Freisprünge von 25 m durch die Luft, wie sie jetzt geübten Studenten gelegentlich geraten, recht anständige Leistungen.« Skibretter konnte man sich an der universitären Skiverleihstelle leihen.

Und eines weiß der Chronist sicher: »Die jungen Männer des Berg- oder Rudersports wissen längst, dass gekrönt nur der wird, der sich jeglichen Dings enthalten kann. Die Liebe zum Sport macht sie zu Feinden des Alkohols.«

Fechtszene aus dem Wandfries im Sommerkarzer

Seit dem Sommersemester 1913 verfügt die Universität über einen eigenen Sportplatz auf dem Gelände des Alten Messplatzes. Die dreimal wöchentlich angebotenen Spielabende werden durchschnittlich von 80 bis 100 Studenten besucht. Tennisplätze an der Kyburg und dann im Freiburger Tennisclub werden gern auch von Corps-Studenten und ihren »Verkehrsdamen« genutzt.

Die Studenten lieben den Sport. Das wird auch von der Universitätsleitung registriert: Sie stellt 1920 mit Heinrich Buchgeister den ersten hauptamtlichen Turn- und Sportlehrer einer deutschen Universität ein. Buchgeisters Pioniergeist ist ansteckend: seine Pausengymnastik im Keller des Kollegiengebäudes findet immer mehr Anhänger. Bald belegt er 12 Schulturnhallen mit seinem Sportprogramm. Und seine Initiative für den Hochschulsport trägt Früchte: die Studierenden votieren im Wintersemester 1921/22 in einer Urabstimmung des AStA für eine verpflichtende Teilnahme am Sportprogramm von allen Studierenden im ersten und zweiten Semester. Die Universität sorgt dann 1929 mit dem Bau des Universitätsstadions und dort angegliedertem Sportgebäude mit Turnhalle und Boxsaal im Osten Freiburgs für die Voraussetzungen für eine weitere Expansion des Uni-Sports.

Davon profitieren die Studierenden auch heute noch. Abgesehen von einem eigenen Sportstudium bietet der Allgemeine Hochschulsport allen Studierenden der Universität und auch den Mitarbeitenden einen vollen Sportkalender mit mehr als 50 Disziplinen an. Die Bandbreite reicht vom Gleitschirmfliegen über Jonglage und orientalischer Tanz bis zum Kanu-Polo.

Waldemar Gerschler, der Direktor des damaligen »Instituts für Leibesübungen«, bringt es in seinem Beitrag in der Studentenzeitung zum Uni-Jubiläum 1957 klar zum Ausdruck: »Der Student soll nicht nur, nein, er muß Sport treiben … Wer es als Student nicht fertig bringt, Sport zu treiben, deckt einen persönlichen Mangel auf, einen Mangel an Jungsein … Darum dürfen wir sagen: Sport treiben ist eine Form menschlichen Glückes.«

Werbeanzeige Freiburger Tennisclub

Das Programm des Allgemeinen Hochschulsports ist auch heute sehr beliebt.

Mens sana …: Der Aerobic-Kurs im Sportinstitut ist stets gut besucht.

Das Unistadion heute

Das Fitness- & Gesundheitszentrum des Instituts für Sport und Sportwissenschaft bietet den Studierenden unter Anleitung von ausgebildeten Trainerinnen und Trainern einen modernen Gerätepark und darüber hinaus viele Möglichkeiten für ein freies und funktionelles Training.

Die Universität und der Wein

In der Sapienz wird vorgesorgt: In ernteeichen Jahren soll ein Vorrat angelegt werden. Im Statutenbuch der Sapienz wird den Scholaren jede »unmäßige Schlemmerei, irgendwelche Schmauserei und Trinkgelage« untersagt, »da wir um zu leben essen und trinken sollen, nicht aber leben, um zu essen und zu trinken«. Überhaupt verleite Völlerei zu »Ruchlosem« und lasse nur ein »hinfälliges Gedächtnis« zurück und werde bestraft – mit »Weinentzug auf eine volle Woche«.

Im Jahr 1984 haben die Winzer der Region ungewöhnlichen Zuwachs bekommen: Die Albert-Ludwigs-Universität Freiburg baut seither wieder eigenen Wein an. Denn der Weinbau hat bei der Universität Tradition. Sie war schon bei der Gründung in den Besitz von Äckern, Vieh, Liegenschaften und auch Reben gekommen. Die Erträge ernähren die gesamte Universität. Und da sich die Gewinne je nach Erntelage vermehren oder verringern, sind auch die Gehälter der Professoren dementsprechend von dem Ertrag, beispielsweise der Rebhänge, abhängig.

Wein ist in der Zeit des Mittelalters kein Luxusgut. In den Studentenbursen gehört der Wein zum Essen wie das Wasser. Der Weinentzug zählt für die damals 14- bis 16-jährigen Studenten offensichtlich zu den besonders harten Strafen. Zum Beispiel für einen verbotenen Gang ins Wirtshaus, »wo zügellose Völlerei von Säufern häufig anzutreffen ist«, wie die Statuten des Collegium Sapientiae berichten. Die Strafe folgt dann auf den Fuß: »Die Sinne der Zöglinge unseres Hauses sollen durch Nüchternheit geschärft bleiben und zur Aufnahme und Bewahrung der Wissenschaften höchst fähig – bei Strafe des Weinentzugs auf eine volle Woche«, heißt es im Statutenbuch. Dies gilt auch für die unerlaubte Abwesenheit aus der Burse: »Andernfalls soll er für jeden Tag Abwesenheit eine volle Woche lang den Wein entbehren, damit seine Strafe für die übrigen ein schreckendes Beispiel sei.«

Der verdünnte Wein ersetzt das oftmals schlechte Wasser und gehört so zu den Grundnahrungsmitteln. Entsprechend taucht er auch bei den Verpflegungskosten im Studiengeld auf. Sie reichen von der kostspieligen bis zur einfachen Mahlzeit: »Die vornemberen Kosten die Wochen à 2 fl. (Florentiner = Gulden) 6 Batzen.

Die andere / da man auch täglich neben einer halben Maß Wein / mit Fleisch / Voressen und Gebratens gespeißt wird / à 2 fl. auch 1 fl 12 Batzen. Die dritte auch mit einer halben Maß Wein / alle Tage Fleisch / und dreymal Gebratens / à 1 fl. 9 Batzen / auch 1 fl. 5 Batzen. Die vierdte deß Tags mit einem Quartal Wein / alle Tag Fleisch / und zweymahl Gebratens / à 1 fl. 3 Batzen, … so daß die Eltern ihrer studierenden lieben Jugend halber ohne einige Sorge seyn und leben mögen«, heißt es in einem Werbeplakat vom 3. Januar 1688 für ein Studium in Freiburg.

Auch Dozenten sprachen dem Wein beträchtlich zu. So ist zum Jahr 1533 überliefert, dass aufgrund der schlechten Kost in der Burse der Magister Johannes sich als Schlaftrunk noch vier Maß Wein einschenken ließ. Nähere Angaben kann er allerdings nicht mehr machen, da er bewusstlos aufgefunden wird.

Das übermäßige Trinken ist offensichtlich für das 16. Jahrhundert typisch und in Freiburg auch an der Tagesordnung. Schon zu Anfang des Jahres 1526 hat der Stadtrat jedem berauschten Bürger eine Strafe von 1 Mark Silber angedroht und die Universität ersucht, bei den ihrigen dasselbe zu tun.

Auch die Trinkgelage in den Bursen nehmen immer mehr überhand. Während der Abwesenheit der Vorsteher halten die Untergebenen im Jahr 1515, wie es heißt »von der Dienerschaft begünstigt«, ihre Kränzchen und trinken sich gegenseitig zu. Das hindert die Studenten allerdings nicht daran, dass ihre »Weinkönige« mit ihrem Hofstaat mit Musik in der Stadt umherziehen. Im Jahre 1596 kommt, wie das Senatsprotokoll sich ausdrückt, »die teuflische Trinkweise auf, daß einer mit vollem Glas sich erhob und die übrigen ihm solange zuschrien und pochten, bis er es geleert hatte«.

Über die Jahrhunderte hinweg werden immer wieder zum Teil blutige Auseinandersetzungen mit den Rebwächtern vermeldet, da die Studenten in den Rebbergen des Schlossbergs nachts nicht nur Trauben ernten, sondern auch nach Rebhühnern jagen.

So ziehen auch einige französische Studierende, unter ihnen ein Graf mit Hofmeister und zwei Dienern, im Jahr 1621 durch die Reben, wobei Hofmeister und Diener für den ersteren Trauben lesen. Der Bannwart, der für den Schutz der Rebberge zuständig war, geht ihnen, nachdem er sich des Beistands der Torwache gewiss ist, nach und hält ihnen dann den Spieß vor, um sie zu pfänden. Die Studenten versichern, allerdings umsonst: »in Frankreich könne man in Weinbergen, wo es beliebe, Trauben sich aneignen«.

Die großherzoglich badische Regierung versteht bei Trunkenheit in der Öffentlichkeit keinen Spaß. In ihren »Academischen Gesetzen« verfügt sie im Jahr 1835: »Ein im Zustande grober Trunkenheit auf öffentlicher Straße betretener Student wird mit

Zechgelage Corps Rhenania

zwei- bis sechstägigem Carcer, im Wiederholungsfall aber noch schärfer bestraft«. Die Frage, was nun »grobe Trunkenheit« ist, bleibt allerdings offen und damit eine Ermessensfrage.

Die historische Tradition des Weinanbaus hat die Freiburger Universität im Jahr 1984 mit dem Erwerb von Rebhängen wieder aufgegriffen. Auf knapp zwei Hektar wachsen die Weinstöcke der Freiburger Universitätsstiftung »Müller Fahnenberg« der Geschwister Karl, Eugen und Frieda Müller, die der Universität unter anderem Waldbesitz und finanzielle Mittel vermachen, deren Erträge seither für die Krebsforschung sowie für forstwissenschaftliche Projekte verwendet werden.

Die Rebhänge liegen im Markgräflerland. Ausgebaut wird der Uni-Wein in der Winzerkellerei Ebringen; die Universität ist dort Winzergenosse. Mit Erfolg: Die Uni-Weine erringen bei internationalen Wettbewerben immer wieder erste Preise. Die Ernte erbringt gerade einmal 10.000 Liter. Das meiste vertrinkt die Universität bei festlichen Anlässen selbst. Der Rest geht in den freien Verkauf an die Studierenden.

Christi Himmelfahrt 1960: Freiburger Studenten machen eine »Herrenpartie«.

Hier herbstet der Rektor persönlich: Rektor Hans-Jochen Schiewer bei der Weinlese 2011

Zur Bezahlung ihrer Professoren sind die Erträge heute allerdings zu gering. Und auch die Zeiten, an denen man allein wegen des »Doktor Ruländer« oder des »Professor Silvaner« an der Freiburger Universität studiert hat, sind längst vorbei. Dass der Universitätswein zu den schmackhaften und angenehmen Dingen des Lebens gehört, bleibt jedoch unbestritten. »Der Wein ist«, wie schon Plutarch schreibt, »unter den Getränken das nützlichste, unter den Arzneien die schmackhafteste und unter den Nahrungsmitteln das angenehmste«.

Auch kulinarisch ist die Albert-Ludwigs-Universität also empfehlenswert.

Das spirituose Angebot der Uni reicht vom Wein über Brandy bis zum Sekt.

Die Universität und die Studentenbuden

So alt wie die Universität Freiburg ist auch die Klage über den Wohnraummangel. Bereits Erzherzog Albrecht VI. hat sich in seinem Gründungsbrief für die Universität des Mietproblems angenommen. Er legt fest, dass Häuser, in die Studenten einziehen sollten, von zwei Beauftragten des Bürgermeisters begutachtet werden müssen, damit keine überdurchschnittlich hohen Mietpreise verlangt werden.

Ursprünglich gilt für die Studierenden noch der »Bursenzwang«. Bis ins 16. Jahrhundert sind sie verpflichtet, in den Bursen oder bei Professoren zu wohnen. Trotz gelegentlicher Raufhändel zwischen Studierenden und jungen Bürgern: die Studenten sind in der Stadt als Mieter und Konsumenten hochwillkommen.

Im 19. Jahrhundert feiert man den 1.000sten bis 4.000sten Studenten euphorisch mit Umzügen und Festen im Sternwald, wobei aus Brunnen der Anlage am Wasserschlösschen sogar Wodanbier der Inselbrauerei fließt.

1920 ruft der Rektor der Universität die Bürger auf: »Nehmt Studierende als Zimmermieter bei euch auf! Helft den Studierenden, die zum Teil erst jetzt aus der Gefangenschaft zurückgekehrt sind und unterstützt sie dadurch, daß ihr ihnen einen ruhigen Winkel zur Verfügung stellt, wo sie arbeiten können.« Und noch zögernden Vermietern versichert er in seinem Aufruf: »Das städtische Wohnungsamt ist jederzeit bereit, Klagen, zu denen Studenten Anlaß geben sollten, … zu prüfen und nach Möglichkeit für Abhilfe zu sorgen.«

1948 erhält der Studierende nach der Einschreibung vom Sekretariat eine Zuzugsgenehmigung für die Stadt, die zugleich die Wohnberechtigung darstellt.

In den 60er Jahren gehen die Preise dann rapide nach oben.

Durch das Kostgeld von Studenten, die bei ihnen wohnen, bessern die Professoren ihr geringes Einkommen auf. Professor Freiburger stellt der Mutter des Studenten Otto Heinrich von Themar eine Rechnung, die das aufwändige Leben ihres Sprösslings belegt.

Der eigentliche Numerus Clausus für ein Studium in Freiburg ist das Wohnungsproblem. Regelmäßig muss das Studierendenwerk zu Beginn des Semesters Räume mit »Notbetten« einrichten.

Ein Student mit dem Kürzel M. D. schreibt im Dezember 1964 in der Freiburger Studentenzeitung: »Vorbei die Zeiten, da man für ein Zimmer 40 Mark bezahlt; wenn's besonders war 60. Heute fängt es bei 70 Mark an, und nach oben sind keine Grenzen gesetzt. Für gepflegtere Zimmer hat sich ein Preis um Hundert Mark eingependelt, und keine Polizei und kein Staatsanwalt kümmern sich um die Gerechtigkeit solcher Preise«.

Schon damals hatten offenbar so manche Vermieter vor den Leistungs-Numerus Clausus der Universität den Wohn-Numerus Clausus gesetzt.

Trotz der unermüdlichen Initiative des Freiburger Studierendenwerks beim Bau neuer Studentenwohnheime müssen auch heute zu Beginn jedes Semesters »Notbetten« aufgestellt werden. Aktuell stehen für 4500 Studierende Wohnheimplätze zur Verfügung – bei 35.000 Studierenden in Freiburg. Und deshalb bitten Rektor und Oberbürgermeister jedes Semester die Freiburger Bürgerschaft, Wohnraum für die Studierenden zur Verfügung zu stellen.

So gilt weiterhin für viele bei der Zimmersuche in Freiburg ein Slogan der Stadtwerbung aus dem Jahr 2004: »Freiburg hat, was alle suchen«. Denn am Ende haben noch alle Erstsemester eine Bleibe gefunden.

Studentenwohnungen.

Der Rektor der Universität und das Studentische Wohnungsamt erlassen folgenden Aufruf an die Einwohnerschaft:

Weite Kreise der Bevölkerung haben in bereitwilligem Entgegenkommen Hunderten von Studierenden bisher Heim und Obdach geboten; Universität und Studentenschaft danken herzlich für dieses Entgegenkommen, das vielfach nur unter Hintansetzung eigener Bequemlichkeit gewährt werden konnte. Dennoch ist die studentische Wohnungsnot größer als je! Ein starker Zuzug von Studierenden ist für den Beginn des neuen Semesters zu erwarten. Doch wird die große Nachfrage nach Studentenwohnungen bei weitem nicht durch das Angebot gedeckt. An alle Einwohner Freiburgs und der Umgebung, in der bisher schon viele Studierende ein Heim gefunden hatten, ergeht daher erneut die dringende herzliche Bitte: Nehmt Studierende als Zimmermieter bei Euch auf! Helft den Studierenden, die zum Teil erst jetzt aus der Gefangenschaft zurückgekehrt sind, und die nach den Verlusten des Krieges unter den schwierigsten wirtschaftlichen Verhältnissen sich auf ihren künftigen Beruf vorbereiten müssen, und unterstützt sie dadurch, daß Ihr ihnen einen ruhigen Winkel zur Verfügung stellt, wo sie arbeiten können. Das studentische Wohnungsamt ist jederzeit bereit, Klagen, zu denen Studierende Anlaß geben sollten (durch Hamstern oder anderes), mündlich oder schriftlich als vertraulich gekennzeichnet entgegenzunehmen, zu prüfen und nach Möglichkeit für Abhilfe zu sorgen. Anmeldungen mündlich während der Geschäftsstunden vorm. 10—12 Uhr oder schriftlich an das studentische Wohnungsamt, Universität Zimmer 12, erbeten. Vermittlung und Mietabschluß werden nach Vereinbarung mit dem städtischen Wohnungsamt als vollgültig anerkannt.

Dringender Aufruf des Rektors 1918 an die Freiburger Bevölkerung, Zimmer für Studierende zur Verfügung zu stellen

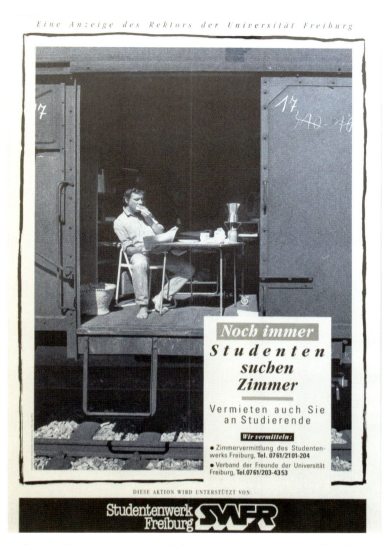

Wohnen auf engstem Raum: Werbekampagne der Uni-Pressestelle in den 90er Jahren: »Noch immer – Studenten suchen Zimmer«

Werbeplakat Studierendenwerk mit Rektorin

Die Universität und ihre Professoren

Der Ruf einer Universität lebt vor allem von der Qualität der Forscher, die an ihr lehren. Die Zeiten, in denen man zu einem bestimmten Professor »pilgert«, sind vorbei. Früher war das noch anders: Im Jahr 1900 beispielsweise fragt die »Freiburger Volkszeitung« ihre Leser, welche die 10 berühmtesten Männer in Freiburg seien. Eine Frau Schneider, die als ersten Preis eine Nähmaschine erhielt, hat richtig geraten: Nach dem Oberbürgermeister Dr. Winterer und dem Stadtpfarrer Hansjakob hat sie den Chirurgieprofessor und Geheimen Rat Professor Kraske auf Platz 3 gesetzt – übrigens noch vor dem Erzbischof, der auf Platz fünf landet. Insgesamt sind vier Universitätsprofessoren unter den ersten zehn dieser Bekanntheits-Hitliste im Jahr 1900 zu finden.

Populär sind heute vor allem die Professorinnen und Professoren, die fernseh- oder online-tauglich in den sozialen Medien in Erscheinung treten. Die anderen kennt »man« nicht unbedingt. Lorbeerkränze erringen sie durch ihre Publikationen in der Fachwelt, durch die Wissenschaftspreise und die im Wettbewerb errungenen »Drittmittel«. Sie prägen dadurch den Ruf ihrer Universität in Rankings und dem Urteil der Fachwelt.

Eine wesentliche Qualität der Arbeit einer Universitätsleitung zeigt sich in ihrer Berufungspolitik. Seit vielen Jahren ist es der Universität Freiburg gelungen, herausragende Wissenschaftlerinnen und Wissenschaftler sowie vielversprechenden wissenschaftlichen Nachwuchs nach Freiburg zu ziehen.

Das Renommee einer Hochschule lebt von ihren »bright minds«, den klugen Köpfen. Nur einige der vielen herausragenden Köpfe möchte ich vorstellen im Wissen, dass viele andere hier genauso genannt werden könnten. Und natürlich ist diese Aufzählung stark männerlastig, da mit der Chemikerin **Elfriede**

Elfriede Husemann wird als erste Frau zur Professorin berufen.

Husemann (1908–1957) erst im Jahr 1956 die erste Frau als Professorin berufen wird.

Drei Phasen in der Personalgeschichte der Universität sind besonders hervorzuheben. Die Humanisten in der Anfangszeit des 16. Jahrhunderts, dann die starke Diversifizierung der Disziplinen mit herausragenden Professoren um die Jahrhundertwende zum 20. Jahrhundert und die Zeit nach 1990, als sich die Universität weiter öffnete und eine fachübergreifende wissenschaftliche Zusammenarbeit zu einem tragenden Grundprinzip der Universität wurde.

In der Frühzeit der Universität lehren Humanisten wie **Johannes Reuchlin** und **Jakob Wimpfeling** in Freiburg. In der Theologischen Fakultät wirken Anfang des 16. Jahrhunderts der Prediger **Geiler von Kaysersberg**, der auch Rektor ist, sowie die Reformationsgegner Martin Luthers, **Johannes Eck** und **Thomas Murner**.

Ulrich Zasius (1461–1535) gilt als der berühmteste Vertreter des juristischen Humanismus und als der erste Rechtslehrer Deutschlands, der eine Schule bildete. Auch Zasius ist Rektor, allerdings an der Lateinschule und ab dem Jahre 1506 Professor der Universität. Für die Stadt schreibt er das berühmte Stadtrecht von 1520.

Auf der Flucht vor der Reformation in Basel kommt auch der bedeutende Humanist **Erasmus von Rotterdam** (1469–1536) nach Freiburg. Die Universität ist natürlich begeistert, solch einen bedeutenden Mann unter ihren Professoren zu wissen. Erasmus schreibt sich im August 1533 ein, erhält auch das akademische Bürgerrecht und damit das Recht, sich ein Bürgerhaus in Freiburg zu erwerben. Seine Lehrtätigkeit hat er aber nie aufgenommen, auch wenn er die Universität rühmt (»eine berühmte Universität, in der alle Art von Studien blüht«). Er lebt in seinen Gelehrtenzirkeln und unterrichtet zwei Scholaren. Aus seinem ersten Wohnsitz, dem »Haus zum Walfisch«, zieht er bald aus, weil er mit seinem Mitbewohner – ebenfalls ein Freiburger Professor – in dauerndem Streit liegt. Offensichtlich kann man es Erasmus nur schwer recht machen: Der einheimische Wein schmeckt ihm nicht, so dass er Burgunder importieren lässt, und neben seinem Kollegen plagen ihn noch weitere, kleinere Hausgenossen: »Ich habe in meinem Haus eine große Menge Flöhe ... Ich sage manchmal meinen Freunden, es seien keine Tierchen, sondern Teufel ...«. Wahrlich lausige Zeiten für einen Humanisten.

Gregor Reisch (um 1470–1525) wird durch seine Enzyklopädie, die »Margarita philosophica«, berühmt, in der er als Lehrbuch für die Freiburger Artistenfakultät das Wissen seiner Zeit festhält.

Thomas Murner, »Ludus studentum Friburgensium«

Reisch wird 1487 immatrikuliert und lehrt Philosophie und Griechisch. Als Prior des Kartäuserklosters im Osten Freiburgs wird er zum gefragten Ratgeber und Beichtvater des Kaisers Maximilian. Sogar Erasmus ist von Reischs Werken beeindruckt. Er schreibt, dass Reischs »Meinung bei den Deutschen wie ein Orakel gilt«.

Von den Humanisten des 16. Jahrhunderts machen wir einen Zeitsprung in das 18. Jahrhundert.

Im Zuge der Josephinischen Reformen wird 1784 erstmals ein Protestant auf eine »Professur für Schöne Künste und Wissenschaften« nach Freiburg berufen und 1791 sogar zum Rektor gewählt. **Johann Georg Jacobi** (1740–1814) errringt nicht nur als Professor für Literatur, sondern auch als Dichter und Herausgeber einer Zeitschrift für die gebildete Frau große Bekanntheit und Anerkennung. In seine meist überfüllten Vorlesungen drängen sich

Erasmus beim Diktat mit seinem Sekretär Gilbertus Cognatus in seinem Studierzimmer im »Haus zum Walfisch«

Studenten und Bürgerschaft und sein literarischer Salon ist besonders bei den gebildeten Damen der Stadtgesellschaft beliebt.

Ein bekannter Mediziner ist **Mathaeus Mederer** (1739–1805). Seine wissenschaftliche Laufbahn beginnt er als Wundarzt in einem Husarenregiment und als Leibarzt bei einem Fürsten Poniatowski. Im Jahre 1773 gelangt er durch die Vermittlung einflussreicher Förderer auf den Lehrstuhl für Chirurgie der Universität Freiburg. Mederer erwirbt sich besondere Verdienste um die Anerkennung der Chirurgie als gleichwertige medizinische Disziplin und um die Erkenntnis und Bekämpfung der Tollwut (»Hundswut«), wofür er später unter dem Namen »Mederer von Wutwehr« in den Adelsstand erhoben wird.

Ein weiterer bekannter Professor dieser Zeit ist der »Uhrenpater« **Thaddäus Rinderle** (1748–1824). Als Sohn eines armen Landpächters in Staufen geboren, tritt er 19-jährig in den Benediktinerorden im Kloster St. Peter im Schwarzwald ein. Bereits zu dieser Zeit hat er sich Kenntnisse im feinmechanischen Handwerk, besonders im Uhrenhandwerk erworben. Er sorgt dann als Abt des Klosters für technische Verbesserungen bei den Schwarzwälder Uhren und erhält von der Landbevölkerung den Beinamen »Uhrenpater«. 1778 wird der Mönch als Professor auf den Mathematischen Lehrstuhl der Universität Freiburg berufen. Dort stellt er auch noch andere praktische Fähigkeiten unter Beweis. So entwickelt Rinderle im Jahr 1800 ein kompliziertes Stau- und Dammsystem, um das Örtchen Sasbach vor einer drohenden Rheinüberschwemmung zu retten. 1824 stirbt Thaddäus Rinderle, der Priester, Mönch, Professor, Mathematiker und Uhrenpater. Auf seinem Grabmal auf dem »Alten Friedhof« in Freiburg steht: »Vieles hat er bestimmt, mathematisch, mit Ziffer und Buchstabe, aber die Stunde des Todes, bleibt unbekannter als x«.

Jacobis Schüler **Karl von Rotteck** (1775–1840) spielt eine bedeutende Rolle in der Geschichte der Albertina. Er verfasst 1813 eine Denkschrift zur Erhaltung der Universität, deren Bestand im badischen Staat stark gefährdet war. Gerade sein Plädoyer, neben der protestantischen Universität Heidelberg auch eine katholische Universität Freiburg beizubehalten, fällt auf fruchtbaren Boden. 1818 sichert Großherzog Ludwig der durch von Rotteck angeführten Delegation den Erhalt der Freiburger Universität zu. Bald jedoch zählt er zu den Anführern der Opposition im badischen Lande. Als führender Vertreter des frühen Liberalismus im Landtag sucht er die Ideen der Französischen Revolution auf Baden zu übertragen. Dies wird von der Landesregierung 1832 mit der vorzeitigen Versetzung in den Ruhestand bestraft. Rotteck ist ein äußerst begabter Universalgelehrter. Er schreibt die »Allgemeine Geschichte«, die »Allgemeine Weltgeschichte«, eine »Enzyklopädie der Staatswissenschaften« und gibt zusammen mit dem Freiburger Juristen Carl Theodor Welcker ein 15-bändiges Staats-Lexikon heraus.

Ein goldenes Zeitalter berühmter Professoren von nationalem und Weltruf ist die Zeit ab 1870. Freiburg gilt schon damals als eine der besten Universitäten in Deutschland.

Zu den berühmten Professoren der Universität jener Zeit zählen beispielsweise der Jurist **Hermann Kantorowicz,** die klinischen Mediziner **Adolf Kußmaul** und **Erich Lexer,** der Anatom **Ludwig Aschoff, der Pathologe Paul Langerhans**, der

Biologe **August Weismann**, der Kunsthistoriker **Franz Xaver Kraus**, die Historiker **Heinrich von Treitschke** und **Gerhard Ritter**, der Mathematiker **Carl Louis Ferdinand Lindemann**, der Rechtshistoriker **Otto Lenel**, die Nationalökonomen **Max Weber** und **Walter Eucken**, die Philosophen **Edmund Husserl** und **Martin Heidegger** sowie der Romanist **Hugo Friedrich** und der Theologe **Bernhard Welte**.

Einige der zuvor Genannten sind im Folgenden in wenigen Zeilen näher vorgestellt:

Johann Matthias Alexander Ecker, * 1766 in Bischofteinitz, Böhmen, † 1829 in Freiburg.

Von 1797 bis 1829 Professor der Chirurgie an der Universität Freiburg. Bekannter Arzt, Chirurg und Geburtshelfer. Macht sich um die Einführung der Kuhpockenimpfung verdient.

Franz Josef von Buß, * 1803 in Zell am Harmersbach, † 1878 in Freiburg.

Doktor der Philosophie, des Rechts und der Medizin, Professor in Freiburg. Behandelt 1837 als erster in einem deutschen Parlament (Badischer Landtag) die soziale Frage. 1848 erster Präsident des Deutschen Katholikentages; wird 1863 von Kaiser Franz Joseph in den erblichen Ritterstand erhoben.

Adolf Kußmaul, * 1822 in Graben, † 1902 in Heidelberg.

1863 bis 1876 Direktor der Medizinischen Klinik Freiburg. Nach ihm ist die Kußmaulsche Atmung benannt, eine besondere Form der Atemnot. Großer Verfechter der Pockenimpfung. Er sorgt für die Verbesserung der hygienischen Verhältnisse in Freiburg und für die Anlage des Rieselfelds im Westen der Stadt.

Adolf Kußmaul

August Weismann, * 1834 in Frankfurt, † 1914 in Freiburg.

Zoologe, seit 1865 Professor in Freiburg; Schöpfer der ›Keimplasmatheorie‹. Führt den Nachweis, dass ›erworbene Eigenschaften‹ nicht vererbt werden.

Franz Xaver Kraus, * 1840 in Trier, † 1901 in San Remo.

Katholischer Kirchen- und Kunsthistoriker. Seit 1878 Professor in Freiburg. Wirkt bahnbrechend auf dem Gebiet der christlichen Kunstgeschichte und Archäologie, engagierter Kirchenpolitiker. ›Geschichte der christlichen Kunst‹ (1896–1900).

Paul Langerhans, * 25. Juli 1847 in Berlin; † 20. Juli 1888 in Funchal, Madeira.

Der Pathologe wird 1874 Professor in Freiburg. Nach ihm sind die Langerhansschen Inseln der Bauchspeicheldrüse und die Langerhans-Zellen der Haut benannt.

Franz Xaver Kraus

Otto Lenel, * 1849 in Mannheim, † 1935 in Freiburg.

Seit 1907 Ordinarius für römisches und bürgerliches Recht in Freiburg. Romanistischer Rechtshistoriker von Weltruf, vor allem durch seine Rekonstruktion des prätorischen Edikts und der in den Digesten kompilierten Klassikerfragmente.

Carl Louis Ferdinand Lindemann, * 1852 in Hannover; † 1939 in München.

1877 Professur für Mathematik in Freiburg. 1882 erbringt er den Beweis, dass die Kreiszahl π eine transzendente Zahl ist; daraus folgte erstmals ein Beweis für die Unmöglichkeit der Quadratur des Kreises.

Edmund Husserl, * 1859 in Proßnitz, † 1938 in Freiburg.
Philosoph. Seit 1916 Professor in Freiburg. Begründer der gegen den Psychologismus in der Logik gerichteten »Phänomenologie«, die die Methoden der exakten Naturwissenschaften in philosophischen Untersuchungen anwendet.

Maximilian Carl Emil »Max« Weber, * 21. April 1864 in Erfurt; † 14. Juni 1920 in München.
Deutscher Soziologe und Nationalökonom. 1894 als Professor für Natonalökonomie und Finanzwissenschaft nach Freiburg berufen. Er gilt als einer der Begründer der Soziologie.

Karl Albert Ludwig Aschoff, * 1866 in Berlin, † 1942 in Freiburg.
Seit 1906 Professor für pathologische Anatomie in Freiburg. Gilt als der Begründer der modernen pathologischen Anatomie auf der Grundlage morphologischer Befunde.

Erich Lexer, * 1867 in Freiburg, † 1937 in München.
1919 bis 1928 Professor für Chirurgie in Freiburg. Herausragender Mediziner, wegweisend in der plastischen Chirurgie.

Hermann Kantorowicz, * 1877 in Posen, † 1940 in Cambridge.
Von 1907 bis 1929 Dozent und Professor für juristische Hilfswissenschaften in Freiburg. Anhänger der Freirechtsbewegung, Mitbegründer der Rechtssoziologie in Deutschland, universal gelehrter Rechtshistoriker.

Gerhard Ritter, * 1888 in Sooden a. d. Werra, † 1967 in Freiburg.
Historiker; seit 1925 Professor in Freiburg. Sein Interesse gilt der Politik- und Geistesgeschichte von der Reformation bis zur Gegenwart.

Martin Heidegger, * 1889 in Meßkirch, † 1976 in Freiburg.
Philosoph; seit 1928 als Nachfolger Husserls Professor in Freiburg. Neben Karl Jaspers nach 1945 der bedeutendste Vertreter der deutschen Philosophie in Europa, namentlich in Frankreich. Einflussreiches Hauptwerk ›Sein und Zeit‹ (1927).

Max Weber wird 1894 auf den Lehrstuhl für Nationalökonomie in Freiburg berufen.

Gerhard Ritter, einer der wenigen deutschen Historiker, die aktiv im Widerstand gegen die Nationalsozialisten gestanden haben

Walter Eucken, * 1891 in Jena, † 1950 in London.
Nationalökonom; seit 1927 Professor in Freiburg. Begründer der neoliberalen ›Freiburger Schule‹, die den nach reinen Wettbewerbsgesetzen funktionierenden freien Markt durch staatliche

Überwachung der Monopole und Kartelle zu sichern anstrebte. Wegbereiter der Sozialen Marktwirtschaft.

Hugo Friedrich, *1904 in Karlsruhe, †1978 in Freiburg.
   Romanist; seit 1937 in Freiburg. Meister der Interpretation von Werken der romanischen Literatur.

Bernhard Welte, *31. März 1906 in Meßkirch; †6. September 1983 in Freiburg.
   Seit 1954 Professor für Christliche Religionsphilosophie. Öffnet die Theologie für die moderne Philosophie. Präfekt der Universitätskirche und 1955/56 Rektor der Universität.

Auf eine Liste der vielen gegenwärtigen herausragenden Professorinnen und Professoren müssen wir aus Platzmangel verzichten.
   Aber wir wollen natürlich nicht die 23 Professorinnen und Professoren, die in Freiburg lehrten und lernten, vergessen, die mit dem Nobelpreis geehrt worden sind. Die 20er Jahre des 20. Jahrhunderts sind dabei mit fünf Nobelpreisen das »goldene Nobelzeitalter« der Naturwissenschaften in Freiburg.

Die Universität und ihre Nobelpreisträger

Mit der Albert-Ludwigs-Universität in Freiburg sind 24 Wissenschaftlerinnen und Wissenschaftler verbunden, die die höchste Auszeichnung erhalten haben, die Männern und Frauen in der Forschung zuteilwerden kann: den Nobelpreis.

Der Nobelpreis wird nur auf wenigen Wissenschaftsgebieten verliehen. In diesem Kapitel können daher nur einige herausragende Persönlichkeiten der Albert-Ludwigs-Universität vorgestellt werden. Die zahlreichen durch weitere national und international renommierte Preise ausgezeichneten Wissenschaftler und Wissenschaftlerinnen der Universität Freiburg finden ihren Platz in den Publikationen der Universität und der einzelnen Fakultäten sowie im »Uniseum Freiburg«.

Zehn Freiburger Nobelpreisträger lehrten und forschten als Professoren in den Bereichen Medizin und Physiologie, Chemie und Wirtschaftswissenschaften.

14 weitere Nobelpreisträger und Nobelpreisträgerinnen haben an der Universität Freiburg studiert oder ihre wissenschaftliche Laufbahn begonnen.

Nobelpreisträger, die der Universität Freiburg als Professoren verbunden sind:

Heinrich Otto Wieland
1927 Nobelpreis für Chemie, 1877–1957

Der in Pforzheim geborene Heinrich Wieland folgt 1921 dem Ruf nach Freiburg. In vier Jahren in Freiburg, die »zu den schönsten meiner wissenschaftlichen Karriere« zählen, legt er den Grundstein für seine 1927 durch den Nobelpreis ausgezeichneten Arbeiten über die Strukturzusammensetzung der Gallensäuren und damit der wichtigen Naturstoffklasse der Steroide, zu der Cholesterin und Vitamin D, die Sexualhormone und die synthetischen empfängnisverhindernden Mittel gehören. Er ist einer der bedeutendsten Chemiker seiner Zeit. Wieland war ein strikter und aufrechter Gegner des Nationalsozialismus: In sein Laboratorium nimmt er jüdische und der Weißen Rose nahestehende Mitarbeiter auf, zu deren Verteidigung er sogar vor dem Volksgerichtshof auftritt.

Heinrich Otto Wieland

Adolf Otto Reinhard Windaus

Nobelpreisurkunde von Hans Spemann

Adolf Otto Reinhold Windaus
1928 Nobelpreis für Chemie, 1876–1959

Adolf Windaus beginnt sein Studium der Medizin und Chemie in Berlin. Zur Promotion (1899) geht er nach Freiburg zu Heinrich Kiliani, um dort über die Inhaltsstoffe der herzwirksamen Digitalis-Pflanzen zu arbeiten. Die Habilitation erfolgt 1903. Nach seiner Zeit als Privatdozent in Freiburg wird Windaus 1913 nach Innsbruck und 1915 auf den berühmten Lehrstuhl von Otto Wallach nach Göttingen berufen. 1928 erhält er den Nobelpreis für Chemie für die Erforschung des Aufbaus der Steroide und ihres Zusammenhanges mit den Vitaminen.

Windaus steht dem Nationalsozialismus kritisch gegenüber und macht daraus kaum ein Hehl. Mit vielen Ehrungen ausgezeichnet geht er 1944 in den Ruhestand.

Hans Spemann

Hans Spemann
1935 Nobelpreis für Physiologie oder Medizin, 1869–1941

Hans Spemann, geboren in Stuttgart, tritt zunächst in die Fußstapfen seines Vaters, Verleger des bekannten Jugendjahrbuchs »Neues Universum«. Ab 1891 studiert er in Heidelberg Medizin. Nach seiner Doktorarbeit über Entwicklungsstadien parasitischer Würmer wählt Spemann die embryonale Entwicklung der Amphibien (Molche) als sein Forschungsgebiet. Es folgen Berufungen nach Rostock (1908), Berlin (1914) und Freiburg (1919). Dort entdeckt Spemann, wesentlich unterstützt von seiner Doktorandin Hilde Mangold, im Frühjahr 1921 den »Organisatoreffekt«: Ein kleines Gewebestückchen aus einem bestimmten Eibezirk kann, in die zukünftige Bauchregion verpflanzt, dort die Bildung eines zusätzlichen Larvenkörpers »organisieren«. Für diese Entdeckung erhält Spemann 1935 den Nobelpreis. Hilde Mangold, mit der er den Preis wohl geteilt hätte, ist schon lange zuvor tödlich verunglückt.

Georg von Hevesy

Georg von Hevesy
1943 Nobelpreis für Chemie, 1885–1966

Georg von Hevesy, geboren 1885 in Budapest, studiert an den Universitäten in Budapest, Berlin und Freiburg, wo er 1908 mit einer Dissertation in Physikalischer Chemie promoviert wird. Von 1926 bis 1934 ist von Hevesy Professor für Physikalische Chemie an der Universität Freiburg. Da er aus einer jüdischen Familie stammt, muss er 1934 aus Deutschland fliehen. Bis 1961 arbeitet er zunächst wieder in Kopenhagen, danach in Stockholm. Er gilt als Vater der Nuklearmedizin. Für die Entwicklung der Isotopenmarkierung erhält er 1943 den Nobelpreis für Chemie. Von Hevesy fühlt sich trotz aller bitteren Erfahrungen als Freiburger. Hier hat er studiert, ist Professor gewesen und zwei seiner vier Kinder sind hier geboren. Eine seiner Töchter hat in Freiburg gelebt. Er selbst verstirbt am 5. Juli 1966 in Freiburg.

Hermann Staudinger
1953 Nobelpreis für Chemie, 1881–1965

Hermann Staudinger, geboren 1881 in Worms, studiert Chemie an den Universitäten von Halle, Darmstadt, München und promoviert 1903 in Halle. Im Jahr 1926 nimmt er den Ruf an die Albert-Ludwigs-Universität in Freiburg an und ist bis 1951 Direktor des Chemischen Laboratoriums. Hermann Staudinger ist der Vater der Makromolekularen Chemie. Er erkennt bereits 1920, dass Naturfasern, Gummi und Kunststoffe aus hochmolekularen Stoffen (Makromoleküle, Polymere) bestehen. Seine Freiburger Arbeiten über synthetische und biologische Makromoleküle bilden die Grundlage für zahlreiche moderne Innovationen in Material- und Biowissenschaften und das rasante Wachstum der industriellen Kunststoffproduktion. Für seine bahnbrechenden Arbeiten über Makromoleküle erhält Staudinger 1953 den Nobelpreis für Chemie.

Hermann Staudinger

Hans Adolf Krebs
1953 Nobelpreis für Physiologie oder Medizin, 1900–1981

Hans Adolf Krebs, Sohn eines jüdischen HNO-Arztes in Hildesheim, studiert ab 1918 Medizin in Göttingen, Freiburg, Berlin und München. Ab 1931 arbeitet er in der Universitätsklinik Freiburg als Mitarbeiter von Siegfried Thannhauser; 1932 habilitiert sich Krebs. 1933 wird Krebs wegen seiner jüdischen Herkunft die Lehrbefugnis entzogen. Er wird entlassen und flieht als Rockefeller-Stipendiat an die Universität Cambridge in England. Weitere wissenschaftliche Stationen sind die Universitäten Sheffield und Oxford. Zusammen mit Fritz Albert Lippmann wird er 1953 mit dem Nobelpreis für Medizin oder Physiologie ausgezeichnet. Krebs' Forschungen beschäftigen sich hauptsächlich mit unterschiedlichen Aspekten des Zellstoffwechsels. Der Zyklus der Zitronensäure innerhalb des zellulären Stoffwechsels ist ihm zu Ehren auch Krebs-Zyklus benannt.

Hans Adolf Krebs

Friedrich August von Hayek

Friedrich August von Hayek
1974 Nobelpreis für Wirtschaftswissenschaften, 1899–1992

Friedrich August von Hayek, 1899 in Wien geboren, hat in den Jahren 1962–1968 den Lehrstuhl für Volkswirtschaftslehre an der Albert-Ludwigs-Universität inne. 1974 erhält von Hayek für seine Arbeiten auf dem »Gebiet der Geld- und Konjunkturtheorie und ihre tiefgründigen Analysen der wechselseitigen Abhängigkeit von wirtschaftlichen, sozialen und institutionellen Verhältnissen« den Nobelpreis für Wirtschaftswissenschaften (gemeinsam mit dem Schweden Gunnar Myrdal).

Nach einer Honorarprofessur an der Universität Salzburg kehrt er 1977 nach Freiburg zurück, wo er bis zu seinem Tod 1992 tätig ist. Hayek zählt zu den bedeutendsten liberalen Denkern des 20. Jahrhunderts und zu den Hauptkritikern des Sozialismus.

Georg Wittig

Georg Wittig
1979 Nobelpreis für Chemie, 1897–1987

Geboren in Berlin, wächst Georg Wittig in Kassel auf. Nach dem Abitur und Studium der Chemie in Tübingen und Marburg, dort 1923 Promotion bei von Auwers, folgen 1926 Habilitation und 1932 Ernennung zum apl.-Professor. Nach einer Zwischenzeit an der Technischen Hochschule Braunschweig wechselt Wittig 1937 auf eine Stelle als a. o. Professor an die Universität Freiburg.

Die Entdeckung der Wittig-Reaktion, die große Bedeutung für die Synthese organischer Verbindungen und für zahlreiche Technologien hatte, ist der Anlass für die Verleihung des Otto-Hahn-Preises 1967 und des Nobel-Preises 1979 (zusammen mit H. C. Brown).

Georges Köhler
1984 Nobelpreis für Physiologie oder Medizin, 1946–1995

Dem gebürtigen Münchener Georges J. (Jean) F. (Franz) Köhler wird schon mit 38 Jahren der Nobelpreis verliehen. Er stirbt, erst 48 Jahre alt, auf dem Höhepunkt seiner wissenschaftlichen Karriere. Köhler hat in Freiburg von 1965 bis 1971 Biologie studiert und mit dem Diplom abgeschlossen. 1974 wird er hier mit einer Arbeit zur Immunologie zum Dr. rer. nat. promoviert. Bis 1984 arbeitet Köhler in Basel an dem von Niels Kaj Jerne gegründeten Institut für Immunologie. Mit Jerne und César Milstein – alle drei erhalten 1984 gemeinsam den Nobelpreis – entwickelt Köhler ein Verfahren, um sogenannte monoklonale Antikörper herzustellen, die in der gegenwärtigen Medizin in Diagnostik und Therapie unverzichtbar sind.

Von 1984 bis zu seinem frühen Tod leitet Köhler das Freiburger Max-Planck-Institut für Immunbiologie. Er wird zum Honorarprofessor an der Universität Freiburg ernannt.

Georges Köhler

Harald zur Hausen
2008 Nobelpreis für Physiologie oder Medizin, 1936–

Harald zur Hausen studiert Medizin an den Universitäten Bonn, Hamburg und Düsseldorf. 1960 wird zur Hausen in Düsseldorf zum Dr. med. promoviert. 1977 nimmt er den Ruf auf den Lehrstuhl für Virologie in Freiburg an. 1983 wechselt er an das Deutsche Krebsforschungszentrum in Heidelberg.

Während seiner Freiburger Zeit studiert zur Hausen die Regulation des Epstein-Barr-Virus im Detail. Sein besonderes Augenmerk legt er auf Studien, die die Rolle von Papillomviren bei der Tumorentstehung klären sollen. Mit Erfolg: Er kann in Freiburg den Nachweis des ersten Zervixkarzinom-assoziierten menschlichen Papillomvirus (HPV-16) erbringen. In Heidelberg wird die Arbeit zur Hausens durch die Entwicklung eines Impfstoffes gegen bestimmte Papillomviren und der daraus resultierenden HPV-assoziierten Tumore in beeindruckender Weise abgerundet.

Er erhält 2008 den Nobelpreis für Physiologie oder Medizin.

Harald zur Hausen

Wissenschaftliche Mitarbeiter/Postgraduierte der Universität Freiburg:

Henrik Dam
1943 Nobelpreis für Physiologie und Medizin
Carl Peter Henrik Dam (* 21. Februar 1895 in Kopenhagen, Dänemark; †18. April 1976 ebenda) ist ein dänischer Physiologe und Biochemiker. Für die Entdeckung des Vitamin K erhält Dam 1943 gemeinsam mit Edward Adelbert Doisy den Nobelpreis für Medizin. Er hat in den Jahren 1932 und 1933 an der Universität Freiburg am Institut für Pathologische Anatomie über den Metabolismus der Steroide bei Rudolf Schönheimer geforscht.

Philip S. Hench
1950 Nobelpreis für Physiologie und Medizin
Philip Showalter Hench (* 28. Februar 1896 in Pittsburgh, Pennsylvania; †30. März 1965 in Ocho Rios, Jamaika) ist ein amerikanischer Mediziner. Von 1928 bis 1930 forscht Hench zu arthritischen Erkrankungen an der Universität Freiburg und der Universität München. Für seine Entdeckungen in Bezug auf die Hormone der Nebennierenrinde, ihre Struktur und ihre biologischen Wirkungen erhält er 1950 zusammen mit Edward Calvin Kendall und Tadeus Reichstein den Nobelpreis für Medizin.

Dudley R. Herschbach
1986 Nobelpreis für Chemie
Dudley Robert Herschbach (* 18. Juni 1932 in San José, Kalifornien) ist ein amerikanischer Chemiker. Herschbach wird 1986 zusammen mit Yuan T. Lee und John C. Polanyi für seine Arbeiten auf dem Gebiet der Dynamik chemischer Prozesse mit dem Nobelpreis für Chemie ausgezeichnet. Herschbach ist 1968 als Guggenheim Fellow an der Albert-Ludwigs-Universität Freiburg.

Mario Molina
1995 Nobelpreis für Chemie
Mario José Molina (* 19. März 1943 in Mexiko-Stadt; †7. Oktober 2020 in Mexiko-Stadt) ist ein mexikanischer Chemiker. Er erhält 1995 zusammen mit dem Chemiker Frank Sherwood Rowland und dem Meteorologen Paul J. Crutzen den Nobelpreis für Chemie für die Erforschung der Zerstörung der Ozonschicht. Er absolviert in den Jahren 1966 und 1967 Postgraduierten-Studien an der Universität Freiburg.

Christiane Nüsslein-Volhard
1995 Nobelpreis für Physiologie und Medizin
Christiane Nüsslein-Volhard (* 20. Oktober 1942 in Heyrothsberge bei Magdeburg) ist eine deutsche Biologin. Sie erhält 1995 den Nobelpreis für Physiologie oder Medizin für ihre Forschungen über die genetische Kontrolle der frühen Embryonalentwicklung. 1977 forscht sie als Stipendiatin der Deutschen Forschungsgemeinschaft (DFG) am Laboratorium des Insektenembryologen Prof. Klaus Sander an der Universität Freiburg. 1993 zeichnet die Albert-Ludwigs-Universität Freiburg sie mit der Ehrendoktorwürde aus.

Studierende der Universität Freiburg:

Paul Ehrlich
1908 Nobelpreis für Physiologie und Medizin
Paul Ehrlich (* 14. März 1854 in Strehlen, Regierungsbezirk Breslau, Provinz Schlesien; †20. August 1915 in Bad Homburg vor der Höhe) ist ein deutscher Arzt und Forscher. 1908 erhält er zusammen mit Ilja Metschnikow für seine Beiträge zur Immunologie den Nobelpreis für Physiologie oder Medizin.

Ehrlich studiert Medizin in Breslau, Straßburg und Freiburg. In Freiburg entdeckt er als Medizinstudent die für das Immunsystem bedeutsamen Mastzellen.

Otto Fritz Meyerhof
1922 Nobelpreis für Physiologie und Medizin
Otto Fritz Meyerhof (* 12. April 1884 in Hannover; †6. Oktober 1951 in Philadelphia, Pennsylvania) ist ein deutscher Biochemiker. Er erhält 1922 gemeinsam mit Archibald Vivian Hill für seine Forschungen über den Stoffwechsel im Muskel den Nobelpreis für Physiologie und Medizin. Nach dem Abitur im Jahre 1903 studiert Meyerhof bis 1906 in Freiburg und Straßburg die Fächer Medizin und Philosophie.

Otto Warburg
1931 Nobelpreis für Physiologie und Medizin
Otto Heinrich Warburg (* 8. Oktober 1883 in Freiburg im Breisgau; †1. August 1970 in Berlin) ist ein deutscher Biochemiker, Arzt und Physiologe.

 1931 erhält er für die Entdeckung der Natur und der Funktion des Atmungsferments den Nobelpreis für Physiologie oder Medizin. Der gebürtige Freiburger studiert nach seinem Abitur im Jahr 1901 Naturwissenschaften mit Schwerpunkt Chemie an der Albert-Ludwigs-Universität Freiburg, ab 1903 Chemie an der Friedrich-Wilhelms-Universität Berlin und ab 1905 Medizin in Berlin, München und Heidelberg.

Otto Stern
1943 Nobelpreis für Physik
Otto Stern (* 17. Februar 1888 in Sohrau, Oberschlesien; †17. August 1969 in Berkeley) ist ein deutscher, 1933 in die USA emigrierter Physiker. 1943 erhält er als Anerkennung seines Beitrags zur Entwicklung der Molekularstrahl-Methode und für seine Entdeckung des magnetischen Moments des Protons den Nobelpreis für Physik. Nach dem Abitur in Breslau 1906 absolviert er das Studium der Mathematik und Naturwissenschaften in Freiburg, München und Breslau.

Johannes Hans Daniel Jensen
1963 Nobelpreis für Physik
Johannes Hans Daniel Jensen (* 25. Juni 1907 in Hamburg; †11. Februar 1973 in Heidelberg) ist ein deutscher Physiker. Er erhält 1963 gemeinsam mit Maria Goeppert-Mayer für ihr Schalenmodell des Atomkerns den Nobelpreis für Physik. Jensen hat ab 1926 an den Universitäten Hamburg und der Albert-Ludwigs-Universität Freiburg Physik, Mathematik, Physikalische Chemie und Philosophie studiert.

Bert Sakmann
1991 Nobelpreis für Physiologie und Medizin
Bert Sakmann (* 12. Juni 1942 in Stuttgart) ist ein deutscher Mediziner. Er erhält 1991 gemeinsam mit Erwin Neher den Nobelpreis für Physiologie oder Medizin für die Entwicklung der Patch-Clamp-Technik.

 Er studiert bis 1967 Medizin an den Universitäten Freiburg, Tübingen, Berlin, Paris und München.

Günter Blobel
1999 Nobelpreis für Physiologie und Medizin
Günter Klaus-Joachim Blobel (* 21. Mai 1936 in Waltersdorf, Landkreis Sprottau, Schlesien; †18. Februar 2018 in New York City, USA) ist ein deutschstämmiger amerikanischer Biochemiker. Er erhält 1999 den Nobelpreis für Medizin für die Entdeckung der in Proteinen eingebauten Signale, die ihren Transport und die Lokalisierung in der Zelle steuern.

 1954 setzt er sich als Achtzehnjähriger nach Westdeutschland ab und studiert Medizin in Freiburg, Frankfurt, München und Kiel.

Joachim Frank
2017 Nobelpreis für Chemie
Joachim Frank (* 12. September 1940 in Weidenau an der Sieg) ist ein deutsch-amerikanischer Biophysiker. Er erhält 2017 gemeinsam mit Jacques Dubochet und Richard Henderson für seine Forschungsarbeiten und methodischen Entwicklungen zur elektronenmikroskopischen Einzelpartikelanalyse den Nobelpreis für Chemie. Nach dem Vordiplom an der Albert-Ludwigs-Universität Freiburg (1963) graduiert er an der LMU München zum Diplom-Physiker (1967) und wird an der TU München promoviert (1970).

Reinhard Ludwig Genzel
2020 Nobelpreis für Physik
Reinhard Ludwig Genzel (* 24. März 1952 in Bad Homburg) ist ein deutscher Astrophysiker. Er studierte von 1970 bis 1972 das Fach Physik an der Universität Freiburg. Nach seinem Studienabschluss in Bonn wird er dort 1978 promoviert. Nach einem Forschungsaufenthalt an der Universität Cambridge folgt er 1981 einem Ruf an die University of California, Berkeley. 1986 wird er zum Direktor des Max-Planck-Instituts für extraterrestrische Physik in Garching/München berufen.

Dort gelingt ihm der Nachweis, dass sich im Zentrum der Milchstraße ein supermassereiches Schwarzes Loch von etwa 4,3 Millionen Sonnenmassen befindet.

Für diese Entdeckung erhält er gemeinsam mit Andrea Ghez und Roger Penrose den Nobelpreis für Physik.

23 Karat Gold, doch der ideelle Wert wiegt ungleich schwerer: Hermann Staudingers Nobelpreismedaille

Die Universität und ihre Rektoren

Die Universität wird 1457 gegründet. Gründungsbeauftragter ist Matthäus Hummel, der aber erst drei Jahre später, zu Beginn der Vorlesungsbetriebes im Jahr 1460, offiziell in sein Amt kommt. Die Amtszeit eines Universitätsleiters ist sehr kurzlebig: von 1460 bis zum Jahr 1764 werden Rektoren jeweils nur für ein Semester gewählt, so dass sich bei der geringen personellen Besetzung in der Gründungsphase zwangsläufig eine Häufung der Amtsperioden ergibt. Rekordhalter im Rektoramt ist der Jurist Johann Siegmund Stapf aus Hopferau-Allgäu. Er beginnt seine erste Amtszeit im Jahr 1701 und wird insgesamt 22 Mal (= 22 Semester) zum Rektor gewählt. Ab 1764 wird dann der Rektor jährlich gewählt.

In der frühen Universitätsgeschichte wird bereits ab und an ein Adliger zum »Rektor« gewählt (»Rector extraneus«) und ein Prorektor zur eigentlichen Führung des Amtes. Ab 1796 ist der österreichische Großherzog Karl »Rector perpetuus«, und nach dem Übergang der Universität an Baden sind die badischen Großherzöge qua Verfassung jeweils Rektor. Sie führen bis 1918 den Titel eines »Rector Magnificentissimus«. Die eigentlichen Rektoren haben auch hier den Titel »Prorektor«. Seit der Weimarer Republik können sich die Universitätsleiter dann wieder offiziell »Rektor« nennen.

Erst im Jahr 1987 geht man zu einer vierjährigen, später dann sechsjährigen Amtszeit über. Insgesamt amtieren (bis 2020) 352 Rektoren in 783 Amtszeiten. Jüngste Versuche im Hochschulgesetz des Landes Baden-Württemberg, die Leitung einer Universität dem Vorstand eines Unternehmens gleichzusetzen und den Rektor als Vorstandsvorsitzenden zu etablieren, finden glücklicherweise keine Anerkennung. Im Jahr 2020 wird mit Kerstin Krieglstein erstmals eine Frau an die Spitze der Freiburger Universität gewählt.

Einige Rektoren möchte ich hier kurz vorstellen:

1460 **Matthäus Hummel** (Medizin). Er ist ebenfalls 1463 und 1467 nochmals Rektor. Hummel sorgt für die wirtschaftliche Ausstattung, also die finanzielle Lebensgrundlage der Universität und ist nach der Gründung erst einmal drei Jahre quasi als PR-Manager und Stiftungsakquisiteur (heute würde man ihn als »Fundraiser« bezeichnen) der Universität auf Reisen. Matthäus Hummel, der aus Villingen stammt, ist sowohl Doktor der Medizin als auch Doktor der Artistenfakultät wie auch Doktor des Kirchenrechts.

Das Siegel von Matthäus Hummel, umgesetzt durch den Kupferstecher Peter Mayer

1469 **Konrad Stürzel** von Kitzingen (Philosophie). Konrad Stürzel ist Reichsvizekanzler von Kaiser Maximilian. Er wird in den Ritterstand erhoben und baut sich ein Stadtpalais, das später als der »Basler Hof« bekannt wird und heute Sitz des Regierungspräsidenten ist.

1476 **Johannes Geiler von Kaysersberg** (Theologie). Berühmter Humanist und Kanzelprediger.

1481 **Johannes Kehrer** von Wertheim (Jura). Er ist später Weihbischof von Augsburg und bedenkt seine frühere Universität mit einer großzügigen Stiftung, der Studentenburse »Collegium Sapientiae«, deren Regeln uns in einer reich illustrierten Handschrift überliefert sind.

1485 **Nikolaus Locherer** von Freiburg (Philosophie). Patrizier, der im Chorumgang des Freiburger Münsters die Locherer-Kapelle stiftet und einrichtet.

1574 **Johannes Caspar Neubeck** aus Freiburg (Theologie). Er wird später Bischof von Wien.

1575 **Claudius von Vergy**, Graf von Champlit, Statthalter in Burgund.

1651 **Johann Georg Kieffer** (Jura) aus Freiburg. Entwickelt eine Systematik des »ius publicum«. Ist bis 1666 zwölfmal Rektor.

1693 **Georg Alban Dreyer** aus Freiburg (Jura). Verhandelt mit den Landständen die Einführung neuer praxisorientierter Fächer (inkl. Sprach- und Fechtunterricht) und Lehrmethoden.

1701 **Sigismund Stapf** ist der erste Freiburger Lehrer für Natur- und Völkerrecht und wird in der Zeit bis 1741 zweiundzwanzigmal Rektor. Die Universität ehrt ihn mit einer Bronzegrabplatte.

Grabmal des in der Bevölkerung beliebten, wissenschaftlich nicht unumstrittenen Medizin- und Physiologieprofessors Georg Karl Staravasnig (1748–92) auf dem »Alten Friedhof« in Freiburg. Das Bild auf dem Epitaph zeigt einen dem leidenden Patienten mitfühlend zugewandten Arzt.

Ab 1764 wird der Rektor für ein ganzes Jahr gewählt.

1778 **Georg Staravasnig** aus Stein (Krain) (Medizin), Professor für Physiologie und Arzneimittellehre. Leitet gemeinsam mit Mederer das »Allgemeine Krankenhaus« in der Sapienz. Sein kunstfertiges Grabmal, auf dem eine ärztliche Behandlungsszene dargestellt ist, auf dem Alten Friedhof zeugt von seiner Beliebtheit als Arzt.

Mederer von Wutwehr

Johann Georg Jacobi ist der erste protestantische Rektor der Universität.

1786 **Matthäus Mederer** aus Wien (Medizin). 1773 übernimmt er den Lehrstuhl für Chirurgie, die im 18. Jahrhundert immer noch als Stiefkind behandelt und im akademischen Studium der Medizinischen Fakultät keine Bedeutung erlangt hat. Seine Forderung nach Zusammenschluss der medizinischen, der chirurgischen und der klinischen Fächer stößt bei den Studenten zunächst auf Protest. Sie drohen sogar, sein Haus zu stürmen. Mederer wird später für seine Bemühungen um Erkenntnis und Bekämpfung der Tollwut in den Adelsstand erhoben und erhält den Namen Mederer von Wutwehr.

1791 **Johann Georg Jacobi** aus Düsseldorf (Philosophie). Jacobi ist von 1784 an Professor der schönen Wissenschaften in Freiburg und bekannter Lyriker.

1807 **Karl Friedrich Großherzog von Baden**. Er und seine Nachfolger führen bis 1918 den Titel eines »Rector Magnificentissimus«.

1813 **Karl von Rotteck** aus Freiburg (Jura). Karl von Rotteck ist ein angesehener Geschichtsschreiber und Politiker, führender Vertreter des radikalen Liberalismus im Landtag. Von Rotteck sucht die Ideen der Französischen Revolution auf Baden zu übertragen. Als die Universität 1818 zu Gunsten von Heidelberg aufgelöst werden soll, verfasst er ein Gutachten für den Erhalt der Universität. Mit Hilfe von Dozenten, Studenten und dem Stadtrat gelingt es schließlich, die Zusage für den Fortbestand der Universität durch Großherzog Ludwig I. zu erhalten.

Der Wirtschaftswissenschaftler Constantin von Dietze arbeitet in einer oppositionellen Professorengruppe an einer Denkschrift zur wirtschaftlichen Neuordnung Deutschlands mit. Von Dietze wird nach dem Krieg Rektor der Universität.

1830 **Heinrich Schreiber** aus Freiburg (Theologie). Heinrich Schreiber ist der erste, der eine umfassende Geschichte der Universität Freiburg schreibt.

1900 **Paul Kraske** aus Berg (Oberlausitz) (Medizin). Kraske führt 36 Jahre lang die Chirurgische Universitätsklinik. Er wird 1883 berufen; in seine Zeit fällt auch die Einweihung der neuen Klinik in der Albertstraße, die im Zweiten Weltkrieg zerstört wird.

1933 **Wilhelm von Möllendorff** aus Manila (Medizin). Er muss aufgrund der öffentlichen Propaganda der Nationalsozialisten Martin Heidegger als Rektor weichen.

1933 **Martin Heidegger** aus Meßkirch (Philosophie). Heidegger ist seit 1928 als Nachfolger Husserls Professor in Freiburg. Neben Karl Jaspers ist er nach 1945 der bedeutendste Vertreter der deutschen Philosophie in Europa. 1933 übernimmt er für kurze Zeit das Rektoramt der Universität Freiburg und sorgt mit seiner Sympathie für das Hitlerregime für eine große Propagandawirkung; er distanziert sich dann von den Nationalsozialisten und tritt nach einem knappen Jahr von seinem Amt als Rektor zurück.

1945 **Sigurd Janssen** (Pharmakologie) eröffnet nach Kriegsende wieder die weitgehend in Trümmern liegende Universität.

1947 und 1948 **Constantin von Dietze** (aus Gottesgnaden bei Calb a.d. Saale) (Agrarwissenschaft). Constantin von Dietze ist ein bekannter Wirtschaftswissenschaftler und aktives Mitglied der Widerstandsgruppe »Freiburger Kreis«.

1950 **Friedrich Oehlkers** aus Sievershausen (Biologie) hat den Lehrstuhl für Botanik und genießt internationales Ansehen. Gründungsmitglied der Vorläuferorganisation der Deutschen Forschungsgemeinschaft (DFG).

1957–1958: **Gerd Tellenbach** aus Berlin (Geschichte). Er ist bereits 1949 Rektor gewesen. 1957 organisiert er die 500 Jahr-Feier mit zahlreichen Hochschuldelegationen, großem Festprogramm und Grundsteinlegung des Kollegiengebäudes II.

1973–1977 **Helmut Engler** aus Freiburg (Jura). Er wird später langjähriger Wissenschaftsminister des Landes Baden-Württemberg.

In die Amtszeit von Gerd Tellenbach fällt das 500-jährige Jubiläum der Universität, das er organisiert und zu einem international beachteten Ereignis macht. Hier in einer liebevollen studentischen Karikatur.

1977–1983 **Bernhard Stoeckle** (Theologie). 1982 Feier des 525-jährigen Jubiläums. Im Ruhestand wird er Pfarrer der Pfarrei auf der Insel Frauenchiemsee mit eigenem Dienstboot.

1983–1987 **Volker Schupp** (Germanistik). Stärkt das Rektoramt gegenüber der Verwaltung und die Zusammenarbeit mit der Stadtspitze durch regelmäßige Treffen. Fördert die Öffnung der Universität zur Gesellschaft.

1987–1991 **Christoph Rüchardt** (Chemie). Mitgründer von Eucor, der Konföderation oberrheinischer Universitäten. Er entwirft die Grundstruktur einer neuen »Fakultät für Angewandte Wissenschaften«.

1991–1995 **Manfred Löwisch** (Jura) setzt tatkräftig die neue Fakultät bei Politik und Wirtschaft durch. Fördert die Zusammenarbeit zwischen Uniklinikum und Universität und treibt die Professionalisierung und Stärkung des Rektoramts gegenüber dem Kanzler als Verwaltungsbeamten voran. Der Rektor hat nicht nur Repräsentationsfunktion, sondern ist nun hauptamtlicher Manager. Auch im Ruhestand noch im Bereich Hochschulrecht beratend tätig.

Manfred Löwisch gibt dem Rektoramt ein stärkeres Gewicht.

1995–2008 **Wolfgang Jäger** (Politologie). Er treibt die interdisziplinäre Zusammenarbeit der Wissenschaften voran. Fördert die Öffentlichkeitsarbeit der Universität und verantwortet 2007 das 550-jährige Jubiläum. Gründung der Alumni-Vereinigung. Unter seiner Leitung erringt die Universität den Titel »Exzellenzuniversität«.

Kerstin Krieglstein ist im Jahr 2020 die erste Rektorin der Universität.

2008 **Andreas Voßkuhle** (Jura). Legt bereits nach einem Monat das Amt nieder, da er auf den ehrenvollen Posten des Präsidenten des Bundesverfassungsgerichts berufen wird.

2008–2020 **Hans-Jochen Schiewer** (Germanistik). Weiht die neue wegweisende Universitätsbibliothek ein. Enorme Bautätigkeit auf dem Flugplatzgelände. Ausweitung der Partnerschaft mit den Fraunhofer-Instituten. Treibt die Idee einer Europäischen Universität im »European Campus« der oberrheinischen Konföderation Eucor voran.

seit 2020 **Kerstin Krieglstein** (Medizin) Krieglstein ist die erste Rektorin in der Geschichte der Universität Freiburg. Sie habilitiert sich 1997 in Anatomie und Zellbiologie. Nach Professuren an der Universität Göttingen und der Universität des Saarlands folgt sie 2007 dem Ruf auf die Professur für Anatomie an der Universität Freiburg und ist 2013 die erste hauptamtliche Dekanin der Medizinischen Fakultät. 2018 wird sie als Rektorin der Universität Konstanz gewählt, 2020 wechselt sie in gleicher Funktion zurück nach Freiburg.

Die Universität und die Ohrenwahl

Rektor-Wahl 2020: zum ersten Mal eine Wahl mit Maskenpflicht

Rektorwahlen sind immer eine spannende Angelegenheit. Neben der Rektorwahl während der Corona-Pandemie in Atemschutzmasken im Jahr 2020 ist eine weitere Wahl eines Rektors besonders außergewöhnlich: die Ohrenwahl im Jahr 1744. Die Stadt wird damals wieder einmal durch französische Truppen belagert und man trifft sich zu einer außerordentlichen Senatssitzung. Dort wird beschlossen, das noch vorhandene Geld und die wertvollen Archivalien in bomben- und brandsichere Gewölbe zu schaffen.

Die Universität kommt bei der Verteidigung der Stadt zu Hilfe, wobei von städtischer Seite auch noch sämtlicher Universitätswein beschlagnahmt wird, um den Kampfeswillen der Verteidigungstruppen zu stärken. Bei der Frage, ob man den Wein der Professoren, die diesen als Teil ihres Gehaltes bezogen, konfiszieren soll oder lieber den noch nicht verteilten Wein im Universitätskeller, entscheidet sich der Senat einstimmig dafür, die Vorratsfässer im Keller anzuzapfen.

An eine Abhaltung von Vorlesungen während der Beschießungen durch die französischen Truppen ist nicht mehr zu denken. Dennoch findet am 31. Oktober die turnusmäßige Neuwahl des Rektors statt. Am Vorabend hat der bisherige Universitätsrektor Professor Johann Jakob Vicari sämtliche Senatoren für den folgenden Tag in die Sakristei des Münsters geladen. Dort aber stellt man fest, dass die Stimmzettel, wie es im Protokoll heißt, »aus Abgang der dinten und papiers schriftlich nicht haben abgegeben werden können«.

Aber Not macht erfinderisch: auf Grund des Tinten- und Papiermangels muss jeder der Senatoren dem bisherigen Rektor den Namen seines Kandidaten ins Ohr flüstern.

»Unanimia«, also einstimmig geht aus dieser ungewöhnlichen »Freiburger Ohrenwahl« Professor Johann Georg Sigismund Stapf als neuer Rektor der Freiburger Universität hervor. Dieser nimmt die Wahl an und leistet – ungeachtet allen Kanonendonners – den Eid in die Hand seines Vorgängers.

Belagerung Freiburgs: 1713 und 1744 müssen die Franzosen die durch ihren Festungsbaumeister Vauban errichteten Festungsanlagen unter hohen Verlusten wieder erobern – und nach Friedensschlüssen wieder abziehen. Sicherheitshalber sprengt man die eigenen Festungsanlagen.

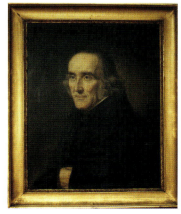

Johann Georg Sigismund Stapf wird 1744 Rektor per Ohrenwahl.

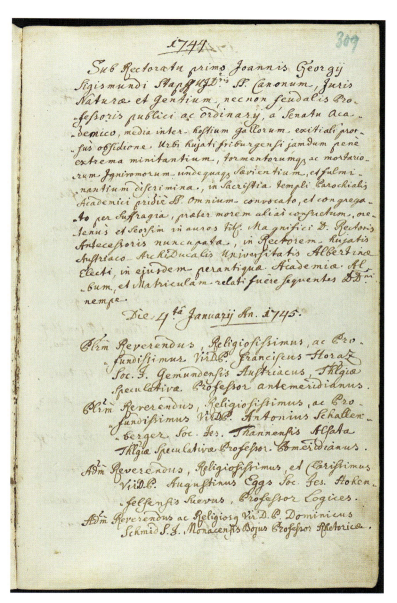

Protokoll der Rektorwahl im Jahr 1744

Die Universität und Amerika

Wer weiß schon, dass ein Freiburger Student Amerika erfunden hat? Martin Waldseemüller (ca. 1472–1522), ein Freiburger Bürgersohn, schreibt sich im Jahre 1490 als Student in die Matrikel der Universität Freiburg ein. Waldseemüller lernt das Handwerk der Kartographie bei dem bekannten Freiburger Kartäuserprior Gregor Reisch.

Zusammen mit seinem Freiburger Kommilitonen Matthias Ringmann erschafft Waldseemüller die berühmte Weltkarte von 1507, die in ganz Europa wie ein Bestseller verbreitet wird. In der lateinischen Begleitschrift zur Karte begeht Ringmann allerdings einen folgenschweren Fehler. Er nimmt nämlich an, dass Amerigo Vespucci, ein Florentiner Seefahrer, der als Erster die Amazonas-Mündung entdeckt hat, auch der Entdecker des neuen Kontinents sei.

Waldseemüller übernimmt diesen Irrtum in seiner Karte und tauft dort das erstmals als Kontinent dargestellte neuentdeckte Land nach dem vermeintlichen Entdecker – allerdings nicht »Americo«, sondern »America«. Seine Begründung: Europa und Asia hätten schließlich auch weibliche Namensendungen.

Waldseemüllers in St. Dié im Elsass gedrucktes Kartenwerk findet eine ungeheure Verbreitung. Er ist aus heutiger Sicht auch ein Marketingexperte gewesen, da er mit der Einführung (»Cosmographiae introductio«), der Weltkarte und der Vorlage für einen Faltglobus ein ganzes »Medienpaket« geschnürt hat, das sich gut verkauft. Schon bald ärgert er sich über zahlreiche Raubdrucke. Von den Globusstreifen gibt es heute noch fünf originale Exemplare, von der großen Karte nur eines, das die amerikanische Regierung erworben hat. Diese »Geburtsurkunde Amerikas« ist heute in der »Library of Congress« in Washington ausgestellt.

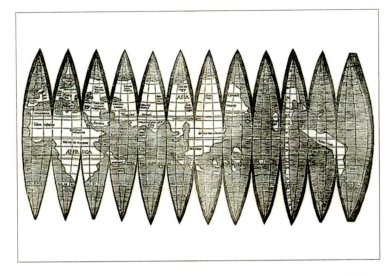

Der geschäftstüchtige Waldseemüller bietet zu seiner Karte auch eine faltbare Globus-Variante an. Eines der wenigen Exemplare ist im Besitz der Stadt Offenburg. Die UB-Bibliothekarin Vera Sack findet den kartografischen Schatz bei Katalogisierungsarbeiten, eingenäht in eine historische Ausgabe der Nikomachischen Ethik von Aristoteles aus dem Jahr 1541.

Alle späteren Versuche Waldseemüllers, den Irrtum zu korrigieren, schlagen fehl. Der Name des neuen Kontinents, eine Erfindung von zwei ehemaligen Freiburger Studenten, hat sich eingebürgert und bis heute seine Gültigkeit behalten: »Amerika«.

Und so kann man mit einigem Recht sagen: »Amerika kommt aus Freiburg«.

Martin Waldseemüllers Welt-Karte aus dem Jahr 1507 in einer nachträglich kolorierten Fassung

Die Universität und das Exil

Die Universität und die Stadt sind untrennbar miteinander verbunden – bis auf einige Ausnahmen. Die Universität verlässt nämlich 17 Mal die Stadt Freiburg und geht ins Exil. Zum einen wegen Belagerungen der Stadt durch französische Truppen. Zum anderen, weil die »Luftseuche«, wie die Pest genannt wird, immer wieder wütet – während des 16. Jahrhunderts in Freiburg allein 15 Mal.

Die Universität flüchtet vor der Pest aufs Land, vor allem nach Villingen, Ehingen, Mengen, Rheinfelden, Radolfzell oder Konstanz, wo sie Zuflucht erhält. Gern würde man dort den Wirtschaftsfaktor Universität länger binden, doch man kann sicher sein: Sobald die Pest verebbt, kommen die Studierenden und Lehrenden der Universität wie die Zugvögel nach Freiburg zurück.

Zweimal zieht die Universität auf der Flucht vor Belagerungen ins Exil an den damaligen Bischofssitz Konstanz. Und beim ersten Mal kommt es sogar zu einer Spaltung der Universität.

Und das kommt so: Durch die Zugehörigkeit zum Hause Habsburg ist die Stadt Freiburg laufend in die Kriegswirren der österreichischen Außenpolitik verwickelt. Die zahlreichen Belagerungen und Eroberungen der Stadt haben auch ihre Auswirkungen auf die Universität. Während des 30-jährigen Krieges stellt sie ihren Lehrbetrieb fast gänzlich ein.

Nach dem Frieden zu Nimwegen 1678 wird Freiburg von den Franzosen besetzt. Daraufhin verlegt Kaiser Leopold I. die Universität bis auf weitere Verfügung nach Konstanz am Bodensee. Die Philosophische Fakultät und das Gymnasium jedoch bleiben ganz renitent in Freiburg und beteiligen sich zusammen mit französischen Professoren sogar an der 1685 proklamierten »Universitas Regia Gallica«, während der Universitätskern in Konstanz als

In einer verschließbaren Truhe werden im 17. Jahrhundert Urkunden und die Universitätskasse aufbewahrt. Ein Fass dient bei der Verlegung der Universität zum Transport von Akten.

»Universitas Anterioris Austriae«, also als Vorderösterreichische Universität firmiert.

Diese Spaltung wird erst nach dem Abzug der Franzosen beendet. Im Jahr 1698 kehren die Professoren unter dem Jubel der Bevölkerung zurück in die Heimat. Es kommt zur Wiedervereinigung und -eröffnung der Albertina. Die Stadt Freiburg ist erleichtert und die Universität wieder zu Hause.

Die Universität und ihre Stifter

Theobald Babst, Rektor und Stifter

Was wäre die Universität ohne die Spenden ihrer freigiebigen Mitmenschen. Sie wäre wahrscheinlich gar nicht erst gegründet worden. So hat ihr der Landesvater von Vorderösterreich, Albrecht VI., bereits bei der Gründung im Jahre 1457 eine Vielzahl von Pfarreien überschrieben, deren Erträge die Universität und ihre Professoren finanzierten.

Und auch die Studenten, die später Karriere machen, zeigen sich dankbar. So beispielsweise der Augsburger Weihbischof Johannes Kehrer, der der Universität ein Studentenwohnheim, damals Burse genannt, vermacht, samt den dazugehörigen Stipendien für zwölf Studenten.

Bis ins 17. Jahrhundert sind Stiftungen vielfach religiös motiviert. Sie entstehen aus dem Glauben heraus, durch Opferbereitschaft und Nächstenliebe das eigene Seelenheil zu erlangen. Andere Stifter haben selbst die Unterstützung von Wohltätern erfahren, so dass sie sich aus dankbarer Erinnerung zu einer Rückzahlung gedrängt fühlen. Auch ein ausgeprägtes Verantwortungsgefühl für die Wissenschaft und den wahren Glauben motiviert viele Zuwendungen an die Universität in dieser Zeit.

Das Grundvermögen der Universität schwindet allerdings dahin, als die Besitzungen im Elsass und Oberschwaben aus dem Einzugsbereich der Universität abwandern und sie Landesuniversität im Großherzogtum Baden wird. Als Ausgleich zahlt im Jahre 1820 Ludwig I. von Baden der Hochschule einen Haushalt von 20.000 Mark pro Jahr.

Auch wenn die Spendenfreudigkeit mit der Zeit abgenommen hat: ganz mittellos ist die Freiburger Universität nie geworden. Immer wieder haben zu Geld gekommene ehemalige Studenten (»Alumni«) für ihre ehemalige Alma mater gespendet und gestiftet.

Aus den verbliebenen Stiftungen besitzt die Universität heute noch etwa 120 Hektar Wald, einen Fischweiher, den Mathisleweiher bei Hinterzarten, samt Mühle und Bio-Bauernhof, eine Anzahl von Wohnungen und Häuser, 20 Hektar Rebland, wo sie ihren Uni-Wein produziert, drei alte Streichinstrumente und etliches an Gemälden.

Einige Stifter stellen allerdings Bedingungen, die heute vor allem von Studentinnen schwer zu erfüllen sind: »Unterstützung studierender Jünglinge«, heißt es etwa zum Zweck der Stiftung Theobald Babst (gestorben 1564), »welche mit dem Stifter verwandt sind; in deren Abgang andere arme, züchtige Jünglinge«.

Da aber inzwischen alle kleineren Stiftungen zusammengefasst worden sind in der »Vereinigten Studienstiftung« und dort die Ausschreibungstexte geschlechtsneutral gefasst sind, kann sich heutzutage auch eine züchtige junge Dame bewerben.

Seit vielen Jahren wird wieder kräftig gespendet und gestiftet. Durch die Gründung des Fördervereins Alumni Freiburg e.V., durch den Verband der Freunde der Universität, die Wissenschaft-

Die Müller-Fahnenberg-Stiftung hat der Universität auch einen Biobauernhof, den Mathislehof, mit Weiher und historischer Mühle vermacht.

liche Gesellschaft und die Neue Universitätsstiftung können zahlreiche Wunschprojekte der Universität verwirklicht und Lehrende und Studierende gefördert und unterstützt werden.

Stiftungen sind aus dem universitären Alltag nicht wegzudenken. Sie fördern Wissenschaft und Forschung, unterstützen Studierende und junge Nachwuchswissenschaftler durch die Vergabe von Stipendien, Studien- und Forschungsbeihilfen sowie Auszeichnungen für hervorragende Leistungen. Im Bereich der Medizin helfen Stiftungen, Krankheiten zu erforschen. Als akademische und wissenschaftliche »Nachwuchsschmiede« ist die Universität gerade heute auf Stiftungen angewiesen, um ihren Stellenwert in Bildung, Lehre und Forschung auch auf dem internationalen Sektor zu bewahren.

Ein amerikanischer Nobelpreisträger für Literatur, Sinclair Lewis, hat zwar einmal behauptet: »Die meisten Stiftungen reicher Leute sind der Ausdruck tätiger Reue«. Was Freiburg anbetrifft, kann man guten Herzens sagen: Eine Stiftung für die Albert-Ludwigs-Universität braucht niemand zu bereuen.

Ein Platz zum Entspannen: der Mathisleweiher

Mathislehof

Hier hat nur der Angelsportclub der Universität Fischereirecht.

Historische Mathislemühle für Exkursionen der Forstwissenschaften

Die Universität und die Kunst

Die Wissenschaft ist eine Kunst. Dementsprechend müssen auch die meisten Wissenschaftler Künstler sein. Im Mittelalter lehrt man im Grundstudium die »Sieben freien Künste« in einer Fakultät, die man dementsprechend nach diesen sieben »artes liberales« die Artistenfakultät nennt.

Zwischen der Kunst der Wissenschaft und den sogenannten »Schönen Künsten« gibt es allerdings doch noch einen großen Unterschied. Und auch hier hat die Universität einiges zu bieten: Sie ist nämlich im Besitz von 640 teilweise ganz herausragenden Kunstwerken. Eine Kunsthistorikerin hat alle Kunstwerke der Universität Freiburg erfasst und kommt zu dem Schluss, dass der Universitätskunst keine Grenzen gesetzt sind: die Kunstschätze der Universität reichen von Gemälden, Zeichnungen, Collagen, Druckgraphiken über Plastiken, Reliefs bis hin zur Gold- und Silberschmiedekunst. Aber auch Musikinstrumente, Münzen und Medaillen sowie Möbel befinden sich in der Sammlung. Und dann gibt es noch eine Rubrik »Sonstiges«: Dazu zählt eine historische Wahlurne, aber auch das goldene Buch der Universität, Kunst-

Einst umstritten – heute ist man stolz auf seine Moore-Plastik.

handwerk wie Keramik, Wandteppiche und Glasmalerei oder wertvolle Bücher.

Die Kunstwerke der Universität blühen leider zumeist im Verborgenen. Einige, wie beispielsweise die beiden wertvollen historischen Zepter, sind im sehenswerten Uniseum Freiburg, dem Museum der Universität in der Alten Uni an der Bertoldstraße, zu besichtigen.

Gerade die im Freien platzierten Plastiken geben immer wie-

Nach einem Entwurf von Julius Bissier fertigte der Keramiker Richard Bampi 1955 ein Kachelmosaik an der 14 m langen Wand im vorderen Innenhof der Alten Universität.

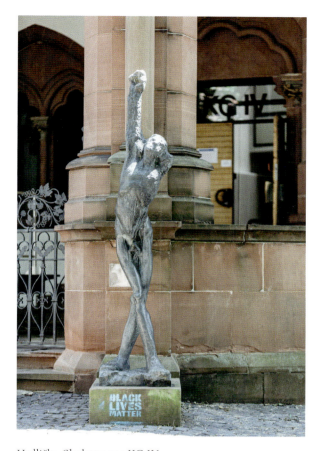

Hrdlička-Skulptur vor KG IV

Die Heilig Grab-Renaissancekapelle der Universität im Peterhof dient heute der orthodoxen Gemeinde als Kirchenraum.

»Jump and Twist«, das Kunstwerk des Amerikaners Dennis Oppenheim (1938-2011) vor und im Hauptgebäude mit der Nummer 101, ist der Türöffner zur Technischen Fakultät auf dem Flugplatzgelände.

der Anlass zur Diskussion: so Bettina Eichins trauernde »Neun Musen« im Kollegiengebäude I oder die berühmte »Liegende«, eine ausgehöhlte Bronzeplastik von Henry Moore vor dem Kollegiengebäude II, die bei ihrer Aufstellung im Jahr 1961 für Stürme der Entrüstung bei der Freiburger Bevölkerung sorgt.

Wie bei so vielen Dingen hat sich die Meinung allerdings auch hier grundlegend geändert: Inzwischen ist man froh und stolz, einen »echten Moore« in der Stadt zu haben.

Die Universität und der Botanische Garten

Der Botanische Garten der Universität Freiburg verdankt seine Entstehung einer Seuche. Die, wie es damals hieß, »grasierende böse Luftsucht« wütet nämlich in den Jahren 1611 und 1612 in Freiburg.

Deshalb kauft die Universität für erkrankte Angehörige ein Anwesen mit einem dazugehörigen Garten in der nördlichen Vorstadt Neuburg beim Schlossberg. Dieser Garten wird als Botanischer Garten eingerichtet und ist der fünfte aller Universitätsgärten in Deutschland. Den Festungsbauten der Stadt Freiburg jedoch fällt auch der Botanische Garten nach dem Jahr 1677 zum Opfer.

Ein späterer großer Botanischer Garten mit Gewächshausgebäuden und einem Gärtnerhaus findet seinen Platz in der Wiehre am Dreisamufer zwischen der heutigen Ochsen- und der Kronenbrücke. Aber auch hier muss er weichen und zieht über eine weitere Zwischenstation im heutigen Institutsviertel zuletzt zwischen 1912 und 1920 an seinen heutigen Standort im Stadtteil Herdern. Heute ist der Botanische Garten ein idealer Studienort für alle Biologiestudenten und ein beliebter Treffpunkt für die Freiburger Bürger, die sich an ca. 6000 Pflanzenarten aus aller Welt erfreuen können.

Die Anlage ist wie ein Baum angelegt, über dessen Verzweigungen die Evolution der Blütenpflanzen in der Erdneuzeit nachvollzogen werden kann. Ein traditionelles Alpinum und drei zentrale Wasserbecken besitzen eine besondere Anziehungskraft. Wer den Urwald live besichtigen will, braucht nicht ins Flugzeug zu steigen: In den Gewächshäusern findet man Lianen, Palmen und tropische Nutzpflanzen wie Kaffee, Kakao oder Bananen.

Der sinkende Grundwasserspiegel macht inzwischen allerdings den Bäumen zu schaffen. Eine Spendenaktion unter den

Seit dem Jahr 1620 ein Kleinod mitten in Freiburg: der Botanische Garten. Zwischen 1850 und 1869 an der Dreisam mit Instituts- und Gewächshaus, links das Gärtnerhaus, in der Perspektive von der Nordseite.

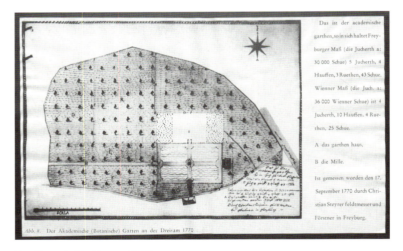

Der Botanische Garten 1770

Alumnae und Alumni der Universität finanziert nun eine Tropfwasseranlage, so dass die alten Bäume weiterhin für Schatten in diesem idyllischen Bürgerpark sorgen können.

Das Botanische Institut in der Spitalstraße um 1900

Heute ist der Botanische Garten mit seinen Schaugewächshäusern ein Park für alle Freiburger und ein Lehrgarten für Studierende der Biologie.

Die Universität und die Fastnacht

Mit Narren und der Fastnacht hat man in früherer Zeit keinen Spaß verstanden: im Besonderen nicht bei der Universität. Narretei sei kein Studienfach und deshalb verboten. Die Fastnacht lenke nur von der Beschäftigung mit den Wissenschaften und dem rechten Glauben ab.

Doch gegen echte Fastnachter ist kein Kraut gewachsen: Bereits zu Beginn des 16. Jahrhunderts müssen richtige Narrenzünfte auch an der damaligen Albertina, der Universität Freiburg, existiert haben. Diese Narren tagen offenbar im Geheimen, bis ein narrenfeindlicher Akademiker die universitäre Narrenzunft am 16. Juni 1540 anzeigt. Der Senat geht streng gegen das närrische Volk vor: Magister Johann Häring, offensichtlich der Zunftobrist, erhält einen scharfen Verweis und muss zur Strafe noch drei zusätzliche Seminare in der Artistenfakultät halten. Die Übrigen büßen mit zwei Tagen und einer Nacht, der Vorstand sogar mit doppeltem Karzer.

Heute ist es jedem Professor freigestellt, ein Narr zu sein; und nicht wenige glauben, dass von diesem Recht auch heute noch ausreichend Gebrauch gemacht wird.

Pandemieunabhängige Maskenträger: Straßenfastnacht der Freiburger Fasnetrufer 2004

Auch Akademiker können feiern: »Friburger Fasnet« im Chemischen Institut 1965

Straßenfasnet am Bertoldsbrunnen 1899

Am Rosenmontagsumzug in Freiburg beteiligen sich mehrere tausend kostümierte »Häs- und Maskenträger«.

Jeder Freiburger Stadtteil hat seine eigene Fastnachtszunft, hier die »Herdermer Lalli«.

Der »Alemannische Narrenzug« des Künstlers Erwin Krumm im Kollegiengebäude: 1938 gefertigt, beim Bombenangriff 1944 zerstört

Die Universität und die »Liebe Hand«

18. Jahrhundert trifft 1970er Jahre: Barockes Haus »Zur Lieben Hand« in der Löwenstraße vor Betonarchitektur des Kollegiengebäudes III

»Der Weisheit wurde ein Haus gebaut«, stellt der erste Rektor der Freiburger Universität, Matthäus Hummel, im Jahr 1460 in seiner Rede bei der Gründungsfeier der Albertina fest. Nun hat zwar die Weisheit ein Dach über dem Kopf – nur die Universität hat kein Gebäude für Empfänge oder Versammlungen, da sie auf eine Vielzahl von Privathäusern verteilt ist.

Will man sich beispielsweise zu Promotionsfeiern treffen, muss man in das Münster gehen, das für viele Jahrhunderte nicht nur Gotteshaus ist, sondern auch Versammlungsstätte.

Erst mit den Gebäuden des heutigen Rathauses und später mit dem Jesuiten-Gymnasium in der Bertoldstraße verfügt die Universität über größere Räume. Nach dem Zweiten Weltkrieg sind aber auch diese zerstört oder verkauft, so dass die Alma mater ihre Gäste im nüchternen Hörsaal oder dem nicht minder nüchternen Konferenzsaal der Universitätsbibliothek empfangen muss.

Erst im Jahre 1989 kommt sie mit dem Kauf des barocken Hauses »Zur Lieben Hand« in den Besitz eines historischen Gebäudes, denn die Verwaltung ist in den 70er Jahren ins Exil an die Heinrich-von-Stephan-Straße gezogen und hat dort zwar gleich im Eingangsbereich eine große Druckerei, aber keine repräsentativen Räume für den Rektor.

In der »Lieben Hand« kann der Rektor nun in stuckverziertem Ambiente wichtige Gäste empfangen, bis das Rektorat 1995 das ehemalige Generalstabsgebäude der französischen Streitkräfte beziehen kann.

Das »Haus zur Lieben Hand« in der Löwenstraße ist ursprünglich Klosterhof des Klosters St. Trudpert im Münstertal und später Domizil des Statthalters des Klosters St. Gallen in Ebringen. Aber auch der Arbeiterbildungsverein, das Städtische

Treppenhaus der »Lieben Hand«

Die Universität und der Peterhof

Heute beherbergt die »Liebe Hand« erneut ein Restaurant für Uni-Mitglieder. Man kann auch im lauschigen Innenhof dinieren.

Mancher Freiburger ist in der Bertoldstraße an dem unscheinbaren Gebäude vorbeigegangen und hat sich höchstens gewundert, wie das Gebäude mit Übungsräumen zu dem Namen »Peterhof« kommt.

Der Peterhof ist in früherer Zeit ein Klosterhof, das heißt, er ist die städtische Niederlassung der Benediktinerabtei St. Peter im Schwarzwald. In den Kellern lagern die Naturalabgaben und die Mönche des Klosters, die an der Universität lehren oder studieren, haben im Peterhof ihre klostereigene zentral gelegene Wohnung. Ähnliche Klosterhöfe sind beispielsweise das universitäre »Haus zur Lieben Hand« des Klosters St. Trudpert in der Löwenstraße oder das »Haus zum Landeck« der Abtei Schuttern in der Herrenstraße.

Nach der Aufhebung des Klosters St. Peter im März 1807 ist im Peterhof eine Zeitlang das Gymnasium untergebracht; danach dient er wechselnden Behörden. Nach dem Ersten Weltkrieg noch als Jugendherberge benutzt, brennt das Gebäude 1944 völlig aus.

Im Rahmen eines Grundstücktausches wird die Universität 1957 Besitzer des Peterhofs. Und damit auch Besitzer eines den meisten Freiburger Bürgern verborgenen Kleinods, der Heiligkreuzkapelle, einer wunderschönen Renaissance-Kapelle, im ersten Obergeschoss des Peterhofs. Die trotz der Zerstörung erhalten gebliebene Kapelle ist reich geschmückt mit figürlichen Darstellungen und Stuckatur-Sternen in den gerippten Gewölbeflächen. Und wer genau hinschaut, findet eine frühe Abbildung des Lausbubenpaares »Max und Moritz«.

Die 1587 erbaute Heiligkreuzkapelle dient heute dem Gottesdienst der orthodoxen Gemeinde. Zu dem weihevollen Rahmen passen allerdings lange Zeit nicht die Gerüche, die den Peterhof und die Kapelle durchziehen.

Im Kellergewölbe des Hofes stellt bis 1994 die Weinkellerei Oberkirch ihren Wein her, was manchen Passanten auf den unge-

Theater oder die Musikhochschule sind in der langen Reihe der Besitzer dieses schmucken Anwesens zu finden, das offenbar die Handschrift des berühmten Barockarchitekten Johann Christian Wentzinger trägt.

Das Begegnungszentrum der Universität ist heute ein »Haus der Förderer« mit den Geschäftsstellen der Fördervereine der Universität: Alumni Freiburg e.V., dem Verband der Freunde der Universität und der Wissenschaftlichen Gesellschaft. Im »Casino« dinieren Lehrende und Studierende mit ihren Gästen und ein Saal dient Vorträgen und Vorlesungen.

»Haus zur Lieben Hand« – gibt es einen schöneren und passenderen Namen für ein »Haus der Förderer«?

Der »Peterhof« ist ursprünglich Stadthof des Klosters St. Peter.

Der historische Gewölbekeller mit seiner vom Alumni-Förderverein gestifteten Bühne ist ein beliebter Kulturtreff für Feste und Aufführungen der Universität.

Alkoholische Zwischennutzung eines akademischen Kellers: Das Gasthaus und Hotel »Oberkirch« lagert im Peterhofkeller viele Jahre seinen Wein.

rechtfertigten Verdacht bringt, dass die Studierenden mehr den Spirituosen als den spirituellen Genüssen zugeneigt seien.

Mit Hilfe von Spenden von Alumni kann der Keller dann zu einem multifunktionalen Kulturzentrum umgebaut werden. Dabei wird der Raumcharakter der sichtbar belassenen Bruchsteingewölbe erhalten. Heute feiern Uni und Studierende im historischen Peterhofkeller rauschende und akademische Feste.

Die Universität und der Reisbrei

Schon damals sind die Studierenden als Wirtschaftsfaktor stark umworben.

Wenn man ehemalige Studierende fragt, welchen Geruch sie mit Freiburg und ihrem Studium assoziieren, dann antworten viele euphorisch und andere mit Schaudern: »mit Reisbrei!« In der Tat gibt es seit den Nachkriegsjahren traditionell am Freitag in der Mensa eine Konstante bei den Gerichten: Milchreis mit Apfel- oder Zwetschgenmus.

Ein Mensaangebot kennen die Studenten in der Gründungszeit der Universität nicht. Im 16. Jahrhundert erhalten die Studierenden ihre Verpflegung in den Wohnbursen. Es gibt zwei Hauptmahlzeiten mit Suppenfleisch, Gemüse, Hülsenfrüchten und Brei und die Studierenden sind zum Küchen-, Servier- und Reinigungsdienst verpflichtet. Später können die Studenten auch bei ihren Professoren und bei Freiburger Bürgern wohnen und zahlen dort Miete und Kostgeld. Und natürlich werben zu allen Zeiten die Freiburger Gaststätten um die studentische Kundschaft. So das Inserat einer Gaststätte im Jahr 1948: »Bekannt für reichhaltige Küche und reelle Weine; für Studierende Vorzugspreise«.

Eine Mensa gibt es erst seit gut hundert Jahren. Aufgrund der Notlage nach dem Ersten Weltkrieg wird 1920 eine »Mensa academica« im Keller (»Sockelgeschoss«) des heutigen Kollegiengebäudes I eröffnet, die durch eine Universitätskommission und Schwestern des Vinzentinerinnenordens betrieben wird und den unterernährten Studierenden täglich zweimal Essen zu niedrigen Preisen ausgibt. Klagen über Qualität und zu kleine Portionen begleiten die Mensa in den kommenden Jahren. Ein Student schreibt 1930: »Es meldet sich bereits zwei Stunden nach dem Mensa-Essen bei den meisten Besuchern, hauptsächlich den männlichen, ein derartiges Hungergefühl, als ob zuvor nichts dagegen getan worden sei.« Dabei arbeiten die Ordensschwestern für Kost und Logis und einen geringen Lohn von 50 Reichsmark. Die Mensa bittet sogar die Freiburger Bevölkerung, Eicheln zu sammeln (das Kilo für 40 Pfennig), um den Studierenden in der Pause zwischen den Vorlesungen in den ungeheizten Seminarräumen einen heißen Kaffee anbieten zu können.

Doch selbst die dort angebotenen preisgünstigen Speisen sind für viele Studierende nicht bezahlbar. Einige Gasthäuser in Freiburg bieten daher bedürftigen Studenten einen sogenannten »Freitisch« an. Und auch das genügt nicht angesichts der allgemeinen Notlage. Die im Jahr 1921 gegründete und über Zuschüsse und Spenden aus der ganzen Welt finanzierte »Freiburger Studentenhilfe e. V.« springt mit bis zu 150 kostenlosen Mahlzeiten pro Tag ein, hilft mit Büchern, Brennholz, Lebensmitteln und Schreibwaren, vermittelt billigen Wohnraum und gibt Zuschüsse für Tuberkulose-Heilkuren.

Der nationalsozialistische Deutsche Studentenbund gliedert 1934 die Mensa academica dann in das Deutsche Studentenwerk ein und entlässt die katholischen Ordensschwestern. Fortan können auch Soldaten der Wehrmacht hier Essen beziehen. Im Mai 1945 wird das Studentenwerk aufgelöst und die Schwestern werden zur Essensausgabe wiedereingestellt. Die Studentenzahlen steigen, der Platz im KG I-Keller wird immer enger.

Erst 1961 wird mit dem Bau der heutigen Mensa I an der Rempartstraße unter Erhaltung der Parkanlagen auf dem ehemaligen Vauban'schen Festungshügel aus dem Jahr 1677 eine Kantine für die Universität mit 850 Sitzplätzen geschaffen. Die Studenten können zwischen einem »Stammessen« und einem Eintopfgericht wählen. Doch schon mit der Einweihung des modernen Glaspavillons wird klar, dass diese Mensa zu klein geraten ist. Für 7000 Studierende war sie konzipiert, doch im Sommersemester 1961 studieren bereits 10.000 Studierende an der Freiburger Hochschule.

Eine geplante Preiserhöhung von 90 Pfennig auf 1,20 Mark sorgt im Mai des gleichen Jahres für die zweite Studentendemonstration in Freiburg. Mit einem Sitzstreik und Transparenten (»Zwischen Stahl und Glas der gleiche Fraß«) blockieren Studierende erfolgreich den Eingang zur Mensa. Die Bürgerschaft ist empört und der Essenspreis wird auf 1,10 Mark heruntergesetzt.

Waldrestaurant „Jägerhäusle"
an der Winterstrasse
Beliebtester Ausflugsort Freiburgs

Täglich frischer selbstgebackener Kuchen und Kaffee

Grosse und kleine Säle für Kommerse und Kneipen

Eigene Milchwirtschaft

Telephon 858   Inh. Max Peter

Schwester Oberin bei der Essensausgabe

Streik gegen Mensapreiserhöhung 1961

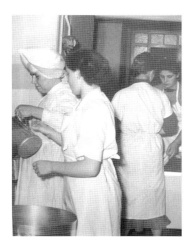

Die Studentenzahlen steigen und im Institutsviertel wird 1972 eine eigene Mensa sowie 1996 eine kleine Außenstelle auf dem Flugplatzgelände der Technischen Fakultät eröffnet.

Die Portionen werden in den 70er Jahren größer und das Essensangebot besser. Wichtig ist: die Studis werden satt. 1975 besteht ein typisches Tagesangebot der Mensa Rempartstraße aus zwei Stammgerichten: Schweinebraten mit Bohnen, Karotten und Salzkartoffeln und Kalbsrollbraten mit Teigwaren und Salat. Wahlweise als »schneller Teller«: Karotteneintopf mit Fleischklops. Vegetarische Speisen sucht man vergebens – außer am Freitag, denn da gibt es wieder Milchreis (»Süßer Reis mit Apfelmus«).

Und man geht mit der kulinarischen Mode: In den 70ern ist der Balkan angesagt (»Serbisches Reisfleisch«), in den 80ern wird es schon global und die asiatische Küche hält Einzug (»Putenbrust Suzy Wong«). Dass dann ab den 90ern in der »Green City« die vegetarische Küche (»Grünkernbratling«) eine immer wichtigere Rolle spielt, verwundert niemand. Und dennoch trotzt bis heute ein Mensagericht allen kulinarischen Trends: paniertes Schnitzel mit Pommes Frites und Salat (auch Schniposa genannt) ist neben Milchreis der Klassiker schlechthin.

Heute kann man nicht nur unter mehreren Gerichten wählen. Es gibt frisch Zubereitetes aus dem Wok oder eine eigene Pasta-Küche und Vegetarisches verdrängt immer mehr die Fleischgerichte. Und natürlich gibt es seit Frühjahr 2020 in allen Mensen ein großes veganes Angebot, sogar einen »veganen Milchreis« zu einem Aufpreis von 40 Cent. Das Stammessen ist 2020 für Studierende mit 2,95 Euro immer noch sehr preiswert. Die Mensaköche achten auf Nachhaltigkeit: die Zutaten kommen aus der Region, sind meist Bio-Produkte und die gesamte Mensa ist ökozertifiziert. In einem Jahr verspeisen die Studierenden 117.000 kg Nudeln, 69.000 kg Pommes frites, 138.000 kg Fleisch und Würstchen sowie 400.000 kg Frischgemüse, Salat und Obst. Ein kluger Geist und ein gesunder Körper brauchen auch heute einen vollen Magen.

Im Jahr 2019 verzeichnete das Studierendenwerk 2.062.744 ausgegebene Essen. Man sieht: die Mensen werden von den Stu-

Siesta nach dem Mensaessen: Liegewiese Mensa I

Mensa II im Institutsviertel

Auch ein Klassiker: Warteschlange in der neuen Mensa

Das Mensa-Tablett mit dem »Schnellen Teller« Schniposa (Schnitzel mit Pommes und Salat)

dierenden weiterhin sehr gut angenommen. Entsprechend bleibt ein Problem bestehen, das alle Generationen zuvor schon beschäftigte: das Platzproblem. Auch heute gilt: ohne Warteschlange kein Mensaessen.

Immer wieder freitags: der Mensa-Klassiker Milchreis

Die Uni und die Bücher

Die 2015 neu eröffnete Universitätsbibliothek hat sich mit ihrem futuristischen Glasgebäude in kurzer Zeit zu einem architektonischen Wahrzeichen Freiburgs entwickelt. Sie ist bereits Teil der offiziellen Stadtführungen und ist sogar neben dem Münster als Motiv in die Sonderbriefmarke zum 900-jährigen Jubiläum der Stadt aufgenommen worden.

Auch unter Studierenden hat sie trotz anfänglicher Baumängel Kultstatus: »Die Bib ist hipp«. Für 7000 Studierende konzipiert, wird sie inzwischen von bis zu 12.000 Besuchern pro Tag frequentiert. Auch Studierende anderer Hochschulen und Freiburger Bürger nutzen sie als Lernort und profitieren von der modernen Konzeption der UB, die mehr als 3 Millionen Bücher und Lehrmaterialien beherbergt.

»Die Weisheit hat sich ein Haus erbaut«, meint Matthäus Hummel bei der Gründung der Albertina. Und Hermann Hesse weiß: »Ein Haus ohne Bücher ist arm.« Da seit der Universitätsgründung die Weisheit aus Büchern gespeist wird, sind Bücher der wertvollste Besitz einer Universität. Schon in seiner Stiftungsurkunde verfügt Albrecht, dass niemand ohne Zustimmung des Rektors Bücher verkaufen oder verpfänden dürfe. Die Strafe mit 40 Gulden ist bewusst hoch angesetzt. Zu Beginn bringen die neu berufenen Professoren ihre Bücher mit, dann schaffen die Stifter der Bursen dort Bücher an und es werden außerdem noch Abschriften, Kommentare und Disputationstexte in Auftrag gegeben. Die vielen Bücherschenkungen erfordern bereits 1470 die Ernennung eines Bibliothekars. Die Bücher in den Bibliotheken der Bursen oder den Räumen der Artistenfakultät (»Bibliotheca Universitatis«) sind angekettet; man kann sie einsehen, aber in der Regel nicht ausleihen.

Freiburger Professoren vermehren den Bücherbestand durch Werke aus ihrer eigenen Feder. Dazu brauchen sie ortsansässige Druckereien. Schon im 15. Jahrhundert kann mit Kilian Fischer ein Drucker in Freiburg nachgewiesen werden. Seit 1808 fungieren der Hofbuchhändler und -drucker Bartholomä Herder und seine Nachfolger als »akademische Buchhändler« und bis heute als Verleger für Werke der Universität. Mit der Übernahme eines Gebäudeteils des Herder-Verlags für ihre Umweltwissenschaften im Jahr 1997 geht die Universität auch eine bauliche Symbiose mit dem renommierten Verlag ein. Die Freiburger Druckerei Poppen ist seit 1846 in Freiburg; sie firmiert zwischenzeitlich ebenfalls als »Universitätsdruckerei«.

Auch die Jesuiten, die nach eigener Aussage ohne Bücher »wie Soldaten ohne Waffen« seien, bringen 1620 einen reichen Buchbestand mit und übernehmen zudem die Bücher der Artistenfakultät in einem eigenen Bibliotheksflügel des Kollegiums. Der eigene Bestand ist bis 1773 auf 5881 Bände angewachsen.

Mitte des 18. Jahrhunderts stellt die Universität einen jährlichen Betrag von 300 fl. (Gulden) zum Ankauf von Büchern zur Verfügung und weitere Mittel, um bedeutende Professorenbibliotheken zu erwerben. Die Bücher und zunehmend auch Zeitschriften, »gelehrte Blätter« und »Journale« finden zur 300-Jahrfeier der Universität im Jahr 1757 in einem Bibliotheksraum im Erdgeschoss des alten Kollegiengebäudes, dem heutigen Rathaus, ihren Platz. Doch schon bald wird auch hier der Platz zu knapp.

Nach Aufhebung des Jesuitenordens entsteht durch den Umbau des ehemaligen Gymnasiums an der Bertoldstraße in den Jahren 1783/84 eine neue, größere Universitätsbibliothek. Durch den Einbau einer Säulengalerie in der früheren Aula bietet man den

![Universitätsbibliothek um 1896]

Universitätsbibliothek um 1896

Nutzern eine Art Schausammlung mit Lesezimmer. Mit 30.000 Bänden steht man 1784 in der deutschen Rangliste auf Platz 3 der Universitätsbibliotheken. 1825 zählt die Bibliothek bereits 100.000 Bände. Durch die Aufhebung der Klöster mit ihren großen Bücherbeständen wachsen die Buchbestände der davon profitierenden Freiburger Universität enorm an. Das Raumangebot wird – auch aufgrund der steigenden Studierendenzahlen – immer beengter und bis Ende des 19. Jahrhunderts häufen sich die Klagen über schlechte Luft- und Lichtverhältnisse, Feuchtigkeit, Schimmel, Wurmfraß und weitere schwere Bücherschäden. Eine Großherzogliche Baukommission kommt 1891 zum Schluss, dass nur ein Neubau die unhaltbaren Zustände beendigen könne.

Die Universität kauft schließlich für 176.00 Mark zwei Anwesen an der Rempartstraße und baut auf dreieckigem Grundriss eine neue Universitätsbibliothek in neogotischem Stil gegenüber der Rempartkaserne, dem zukünftigen Standort des geplanten neuen Kollegiengebäudes. Als Architekt wird Carl Schäfer verpflichtet; die veranschlagten 460.000 Mark Baukosten werden

Nur die Scholaren der Sapienz-Burse haben Zutritt zur Bücherei. Der Schlüssel wird einem Aufseher übergeben, der »sorgfältig darauf achte, dass kein Buch hinausgetragen werde und keine Fremder, er sei was auch immer, ... unsere Bibliothek betrete«.

Ausleihzimmer UB um 1904

zum Bezug des Gebäudes im Wintersemester 1902/03 auf fast 1 Million Mark (960.668,28 Mark) anwachsen. Zumindest eine Kostenersparnis gibt es: eine durch den unter dem Buntsandsteingebäude durchfließenden Gewerbebach gespeiste Turbine erlaubt zukünftig eine eigene, von der Stadt autarke Stromversorgung.

Das Gebäude wird 1944 bei einem Luftangriff teilweise zerstört; die Bücher sind glücklicherweise rechtzeitig ausgelagert worden. Das im alten Stil wieder errichtete Gebäude erhält zusätzlich einen modernen, »Aquarium« genannten Lesesaal.

Andere Zeiten, gleiche Probleme: die Studentenlawine der 1970er Jahre bedingt einen weiteren Neubau der Universitätsbibliothek.

Endlich kann man 1978 nach vielen Jahren der Planung und einer innerstädtischen Diskussion wegen des Abrisses des Vorgängerbaus, des historischen Rotteck-Gymnasiums, ein modernes Bibliotheksgebäude gegenüber dem Kollegiengebäude I einweihen. Aufgrund von städtischen Höhenvorgaben geht man mit den Buchbeständen in den Untergrund: Vier Stockwerke unter der Erde für Buchmagazine und eine Tiefgarage und drei Hochgeschosse mit Lesesälen und zu groß geratenen Fluren bieten den vielen Nutzern aus Hochschule und Stadt Lesestoff und Arbeitsplätze. Das EDV-Zeitalter hält Einzug und ein elektronischer Zentralkatalog erleichtert Suche und Ausleihe der mittlerweile mehr als 2 Millionen Bücher, davon 250.000 frei zugänglich in den Lesesälen. Daneben betreuen die UB-Mitarbeitenden bis heute die mehr als 60 dezentralen Institutsbibliotheken mit ihren eigenen Fachbücherbeständen. Doch der massige Betonbau der Unibibliothek steht unter keinem guten Stern. Die immensen Klimatisierungs- und Heizungskosten des völlig abgeschotteten Gebäudes, Klagen der Mitarbeiter wegen der schlechten Durchlüftung und der Fund von Schadstoffen führen bereits 30 Jahre später zu einer Neuplanung und dem Abriss des Gebäudes. Ein Armutszeugnis für die verantwortlichen Architekten jener Zeit.

Der 2015 eingeweihte Neubau ist mit seiner Glasfassade ein radikales urbanes Bekenntnis und schafft gleichzeitig durch seine Spiegelung der historischen Umgebung einen integrierenden Bezug zur Universitätsgeschichte. Das Gebäude mit den bisherigen vier Unter- und weiteren fünf Obergeschossen beansprucht deutlich weniger Grundfläche und wirkt freier und zugänglicher als der alte Vorbau, zumal der Platz davor zur Fußgängerzone wird. Mit ihrer neuartigen Bibliothekskonzeption gilt die neue UB als eine der modernsten Universitätsbibliotheken Deutschlands: Neben klassischen Lesesälen bietet sie auf einer Gebäudehälfte über 5 Stockwerke in sogenannten »Parlatorien« Arbeitsplätze für einzelne Studierende und Lerngruppen. Moderne Sitzgruppen für die Teamarbeit sowie Designersessel mit großartiger Aussicht auf die Stadt laden die Besucher ein zum Lesen, Lernen, Kommunizieren und »Chillen«. Die Ausleihe ist ohne Bürokratie und Warteschlange jederzeit möglich, da jedes Buch oder andere Medien ihren eigenen eingebauten Chipcode haben. Im dritten Obergeschoss stehen den Studierenden TV- und Radio-Studios für ihre crossmediale journalistische Ausbildung sowie ein eigener Uniradio-Sender »uni'fm« zur Verfügung, den der Kommunikationschef der Universität 1994 in Räumen der von den französischen Truppen geräumten Kaserne am Flugplatz aufgebaut hat.

Die UB verbindet 1987 ein Betonsteg mit der Universität. Selbst die später angebrachten Farbfelder machen das Gebäude nicht schöner. Die viel zu hohen Kühl- und Heizkosten, schlechte Klimatisierung und Schadstoffe in den Decken machen bereits 30 Jahre später einen Abriss des Gebäudes unabwendbar.

Die neue UB spiegelt Stadtumgebung und historische Uni-Gebäude.

Das Bibliotheksgebäude mit seiner Spezialverglasung und wärmegedämmten Paneelen ist energiesparend (50 % weniger Energiekosten als der Vorgängerbau); es wird zu einem großen Teil mit Wasser aus einem eigens gebohrten Tiefbrunnen gekühlt und beheizt.

Die im wahrsten Sinn des Wortes »aufregende« Architektur des Neubaus sorgt für eine lebhafte Diskussion in der Bürgerschaft. Während das Preisgericht das »aufregende Juwel« für seine »prismatische, dreidimensionale Form« lobt, fordert ein Leserbriefschreiber in der Badischen Zeitung noch vor Ende der Bauzeit eine »Burka für das neue UB-Gebäude«.

Wer die UB heute besucht, sieht, dass das Konzept zwischen Stillarbeitsplätzen und Kommunikationsbereichen funktioniert. Die Studierenden haben jedenfalls die Unibibliothek im Sturm erobert. Das »Herz der Universität« schlägt wieder.

Die letzten Bücher aus dem provisorischen Quartier in der alten Stadthalle kehren zurück: Einweihung der neuen UB durch Rektor Hans-Jochen Schiewer und UB-Direktorin Antje Kellersohn

Von Anfang an ein Publikumserfolg. Bis zu 12.000 Besucher nutzen die UB täglich.

Neue Hörfunk- und TV-Studios im dritten Stock der UB: das Medienzentrum bietet den Studierenden eine professionelle journalistische Ausbildung mit einem eigenen Radio- und TV-Sender.

Das neue Innenkonzept bietet mit seinen »Parlatorien« Gruppenarbeitsflächen für die Studierenden.

Bücher aus dem Freihandbereich der UB können mit einer Geste à la Michelangelo ausgeliehen werden.

Die Universität und ihre Alumni

Ein Alumnus oder eine Alumna ist in wörtlicher Übersetzung aus dem Lateinischen ein Zögling oder ein/e »Genährte/r«. Die Unterstützung der Studierenden durch Alumni-Stifter hat in Freiburg Tradition. Schon zur Gründungszeit können auf diese Weise Studentenbursen finanziert und Bücher beschafft werden.

Als 1991 der Kommunikationschef der Universität Freiburg (der 30 Jahre später der Autor dieses Buches ist) im Zuge von Bleibeverhandlungen eine Dienstreise zu den Alumni-Vereinigungen großer amerikanischer Universitäten genehmigt erhält, kommt er mit dem Konzept für die Gründung einer Alumni-Vereinigung der Universität Freiburg zurück. Es dauert weitere fünf Jahre, bis der ab 1995 amtierende Rektor Jäger sein Konzept aufgreift und ihn mit der Gründung einer Alumni-Vereinigung beauftragt.

Die Alumni-Idee ist zu dieser Zeit in Deutschland weitgehend unbekannt. In den angelsächsischen Ländern hält man seit vielen Jahrzehnten bereits erfolgreich den Kontakt zu den ehemaligen Studierenden, die man dort »Alumni« nennt. Warum also nicht den Begriff »Alumni« für Deutschland übernehmen und den 1998 neu gegründeten Verein »Alumni Freiburg« nennen? Ein »Club der Ehemaligen« scheint als Bezeichnung wenig passend.

Die Idee des Kommunikationschefs hat gezündet: Inzwischen gibt es Alumni an den meisten deutschen Schulen und Hochschulen und die Alumni-Abteilung verfügt über eine Datenbank mit 120.000 Alumni und Alumnae der Freiburger Hochschule. Das »Freiburger Alumni-Konzept« sieht nach einer Aufbauphase schon früh das Engagement der Alumni für ihre eigene Universität vor. Ob als Fürsprecher in der Gesellschaft oder als Spender: die Möglichkeiten, wie man sich für die eigene Uni engagieren kann, sind vielfältig und werden stark genutzt.

Inzwischen sind bereits mehr als vier Millionen Euro an Spenden von Alumnae und Alumni über den 1998 gegründeten Förderverein »Alumni Freiburg e. V.« eingegangen, die Studierende über eine »Studiennothilfe«, »Studienstarthilfe«, Alumni-Preise bei Abschlussfeiern, Deutschlandstipendien oder einen Alumni-Preis für soziales Engagement sowie Förderhilfen für Studierende (Exkursionen, Reisebeihilfen, soziale Hilfe für alleinerziehende Studierende, Gelder für die studentische Kita, für Debattierclubs, Chöre und Orchester etc.) fördern und unterstützen.

Alumni und Alumnae (im Badischen gern als »Alumnis« bezeichnet) sind nach Freiburger Definition alle ehemaligen Studierenden, die mindestens ein Semester in Freiburg studiert haben, sowie alle ehemaligen Mitarbeiter/innen und Professor/inn/en der Universität. Auch aktuelle Studierende können kostenfrei Mitglied im Alumni-Verein werden.

In 18 Alumni-Clubs und über Alumni-Botschafter/innen weltweit hält der Verein mit Präsenz- und Online-Veranstaltungen den Kontakt aufrecht und versorgt die Alumni über Internet, soziale Medien und gedruckte Publikationen mit Informationen aus ihrer Heimatuniversität. Die Alumni-Organisation begreift alle ehemaligen Studierenden als Teil eines globalen Netzwerkes. So sind die Alumni inzwischen die beste Lobby für die eigene Universität in allen gesellschaftlichen Bereichen.

Man möchte der Universität, an der man die vielleicht schönste Zeit seines Lebens verbracht hat, offenbar etwas zurückgeben. Das ist nicht nur das geistige Rüstzeug, das man an der Alberto-Ludoviciana erhalten hat, sondern auch viele unvergessliche und

Weihnachts-Meeting 2015 des Alumni Freiburg-Clubs Nordamerika im Princeton Club in New York

Uni-Fahne vor Princeton-Club, dem »Vereinslokal« von Alumni Freiburg in New York

Alumni-Meeting in Freiburg mit Vorträgen und Führungen, hier im Uniseum Freiburg

glückliche Erlebnisse in Stadt und Umgebung. Der berühmte Historiker Friedrich Meinecke schwärmt 1914: »Es ist schon etwas daran, dass eine so reiche Natur, wie sie den Freiburger Professoren und Studenten geschenkt ist, ihrem ganzen Leben eine innere Beschwingtheit zu geben vermag.« Und 1929 wirbt das Freiburger Verkehrsamt: »Ein Semester in Freiburg wird noch dem ergrauten Philister in leuchtender Erinnerung stehen.« Wie wahr.

Die Freiburger Alumni und Alumnae sind für ihre Alma mater damals wie heute keine Ehemaligen, sondern Teil der Universitätsfamilie. Und das ein Leben lang. Denn im Gegensatz zur Institution der Ehe gibt es in dieser Beziehung keine Scheidung.

Der Alumni-Verein Alumni Freiburg e.V. unterstützt die Studierenden. Hier finanziert er eine Exkursion. Cornelia Staeves verabschiedet die Studierenden am Hauptbahnhof mit einer Brezel.

Verleihung des Alumni-Preises für soziales Engagement 2019 an die Studierendengruppe »Nachhaltigkeitsbüro Uni Freiburg«

Alumni-Preise verleiht der Alumni-Verein jährlich an hervorragende Absolvierende in allen Fakultäten. Auch der Nachwuchs erhält hier eine »akademische Weihe«.

Alumni-Meeting: Führung durch die neue UB

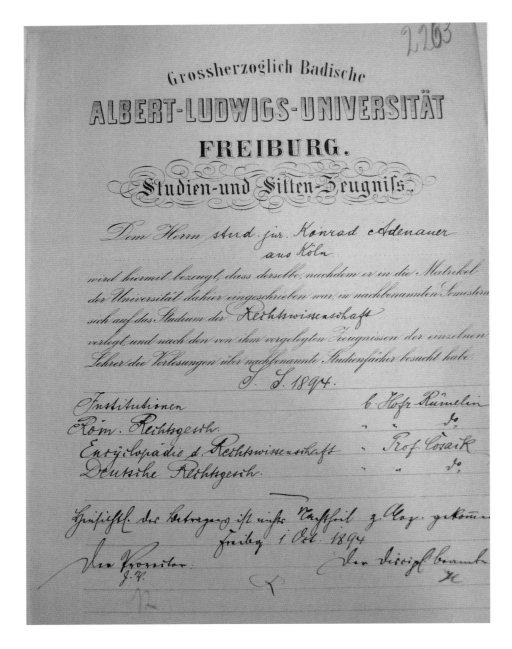

Konrad Adenauer nahm 1894 sein Studium der Rechtswissenschaften an der Albert-Ludwigs-Universität auf. Anlässlich des Studienortwechsels nach München wurde ihm ein »Studien- und Sittenzeugnis« ausgestellt.

Edith Stein und Hannah Arendt: Beide Philosophinnen kamen nach Freiburg, um bei Edmund Husserl Philosophie zu studieren. Die 1942 in Auschwitz ermordete Edith Stein wurde 1998 heiliggesprochen. Hannah Arendt, die vor dem Nationalsozialismus fliehen konnte, wurde u. a. 1961 durch ihre Berichterstattung über den Prozess gegen Adolf Eichmann, den Hauptorganisator des Holocaust, bekannt.

Ein Studium in Freiburg eröffnet ganz unterschiedliche Karrierewege, wie diese Alumni und Alumnae zeigen: der Maler und Bildhauer Anselm Kiefer, die Schriftstellerin Annette Pehnt, die Speerwurf-Weltmeisterin Christina Obergföll, DAAD-Generalsekretärin Dorothea Rüland, ZDF-Nachrichtenmoderator Christian Sievers, SC-Bundesligatrainer Christian Streich, Schriftsteller Arnold Stadler und Regisseur Wim Wenders.

Quo vadis – Alberto Ludoviciana?

Der Kampf um ihre Autonomie durchzieht die Geschichte der Universität Freiburg wie ein roter Faden. Ihre Autonomie, gegründet auf ihre Organisation, ihre Rechtsstellung und ihre einzelnen Vorrechte, musste immer wieder gegen oder im Einklang mit der jeweiligen Landes- und Stadtregierung erkämpft und bestätigt werden.

Die Entwicklung von der Hoch-Schule zur Universität als Bildungsinstitution mit eigenem geistigem Freiheitsraum bedurfte in Freiburg immer wieder kluger, eigensinniger Köpfe, aber oft auch des Anstoßes von außen. Ob im frühen 18. Jahrhundert oder in den 80er Jahren des 20. Jahrhunderts: oftmals hat man den Eindruck, dass die Universität angesichts einer retardierenden Verwaltung zu ihrem Glück in Form von neuen Fächern und Lehrformen oder baulichen Erweiterungen gezwungen werden musste.

Wissenschaft ist einem stetigen Wandel und Erneuerungsprozess unterworfen: Eine Verweigerungshaltung gegenüber neuen Ausbildungs- und Forschungskonzepten sowie neuen Wissensgebieten baut eine Distanz zur Gesellschaft auf und führt umgekehrt zu einer Wissenschaftsskepsis in weiten Teilen der Bevölkerung. In den letzten Jahrzehnten und nicht erst seit der Corona-Pandemie hat sich die Wissenschaft weiter geöffnet. Zum festen Aufgabenportfolio eines Wissenschaftlers und einer Wissenschaftlerin gehört inzwischen auch die verständliche Kommunikation ihrer Forschungsergebnisse. Und die Covid-19-Pandemie hat zumindest einen positiven Aspekt: sie hat den Universitäten das Online-Lehren und -Lernen aufgezwungen und alltagstauglich gemacht.

Wissenschaft muss sich evidenzbasiert öffentlich artikulieren: Sie soll auf gesellschaftliche Entwicklungen reagieren, kann Politik beraten und ihr wissenschaftsgestützte Fakten liefern, darf aber nicht selbst Politik machen oder sich von ihr instrumentalisieren lassen. Auch darf sie dabei nicht zur reinen »Auftragsforschung« mutieren; neue Ideen entstehen oft an den Rändern der Fächer und im interdisziplinären Austausch und durch unbeeinflusste Grundlagenforschung, die auch das Privileg des Scheiternkönnens in sich tragen muss. Die Wissenschaftlerinnen und Wissenschaftler sind dabei einzig der geistigen Freiheit und wissenschaftlichen Wahrheit verpflichtet.

Der Wissenschaftskommunikation kommt daher auch in Zukunft eine entscheidende Rolle zu, um Wissenschaft transparent und für weite Teile der Gesellschaft nachvollziehbar und erlebbar zu machen. Die Öffnung der Universitäten für immer größere Teile der Gesellschaft hat sie aus dem berühmten Elfenbeinturm herausgelöst. In Freiburg wurde vor allem durch das 550-jährige Jubiläum 2007 eine »Neue Universitas« sichtbar. Die Marke »Universität Freiburg« als Institution und Lebensraum spielt seither eine immer wichtigere Rolle innerhalb der Hochschule für Studierende und Mitarbeiter, aber auch außerhalb im nationalen und internationalen Wettbewerb. Die Zeiten, als sie lediglich einen Verbund von 150 Instituten darstellte, die nur durch die Zentralheizung miteinander verbunden waren, ist glücklicherweise vorbei. Interdisziplinarität ist eines der heutigen Grundprinzipien. Ein neuer »Spirit« (Jubiläumsmotto: »Freiburg – wir sind die Universität«) hat Einzug gehalten. Es ist an der Zeit, durch architektonische Gestaltung den Lebensraum Universität vom reinen Arbeitsplatz wieder zu einem identitätsstiftenden Ort des kulturellen und ideellen Lebens ihrer Mitglieder auszuweiten. Und die Stadt Freiburg, die ständig auf den Wirtschaftsfaktor Universität

Fahrraduni Freiburg

verweist, sollte diese verstärkt in ihre Stadtplanung und -entwicklung einbeziehen.

Jahrhundertelang war die Universität Freiburg eine kleine beschauliche Provinzhochschule. Heute ist sie eine der führenden »Volluniversitäten« mit breitem Spektrum an Studienfächern, Forschungsgebieten und hervorragenden Wissenschaftlern und Wissenschaftlerinnen, die zu Schlüsselfragen der Gesellschaft forschen. Und mit ihrer Etablierung als »Europäische Universität« im Dreiländereck wird sich ihre internationale Sichtbarkeit weiter verstärken.

Man kann sicher mit Recht feststellen, dass die Albert-Ludwigs-Universität Freiburg – selbst verglichen mit einer Blütezeit wie der zu Beginn des 20. Jahrhunderts – im nationalen wie internationalen Vergleich niemals in ihrer Geschichte so gut dastand wie heute.

Hörsaal 1010

Innenhof vor dem KG II

Mini-AG auf dem Platz der Alten Synagoge

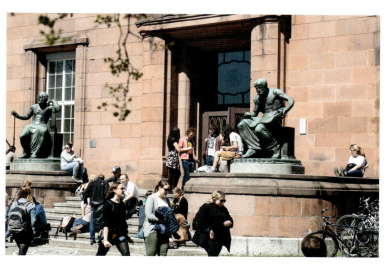
Zwischen Homer und Aristoteles: Eingang zum KG I

Auf 40 ha haben am Flugplatz die Technische Fakultät und industrienahe Wissenschaftskooperationen ein zukunftsorientiertes Erweiterungsgelände gefunden.

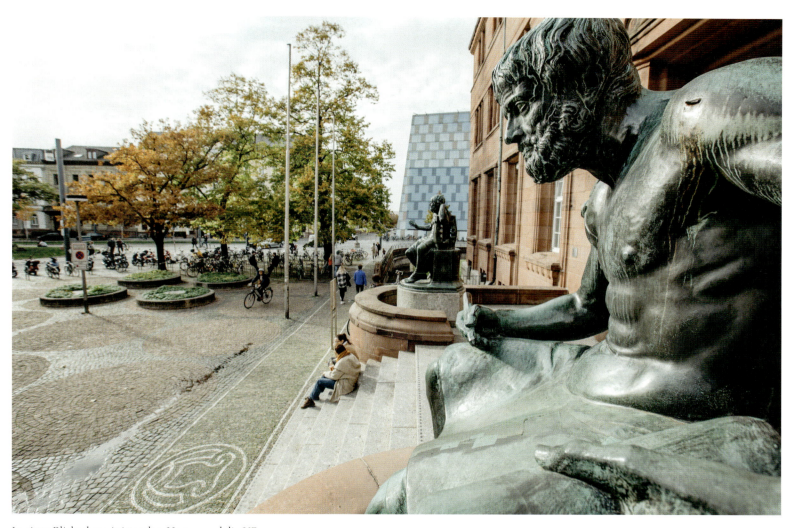

In einer Blickachse: Aristoteles, Homer und die UB

Zum Schluss ein Gedankenspiel:

Dieses Buch mit seinen vielen Bildern hat vielleicht auch in Ihrem Kopf, liebe Leserin, lieber Leser, ein Bild von der Universität Freiburg erneuert oder neu geformt.

Machen Sie mit mir zum Schluss ein Gedankenspiel: Sie stehen vor einem Aufzug. Die Tür öffnet sich und herauskommt – die Universität Freiburg.

Wie sieht diese Person aus? Ich bin gespannt, mit welchem Bild Sie die Freiburger Universität verbinden.

Dank

Der Verfasser möchte allen danken, die ihn bei der Recherche unterstützt haben. Für seine Unterstützung bei der Auswahl des Bildmaterials und vielfältige Ratschläge und Hinweise danke ich vor allem Prof. Dr. Dieter Speck, dem Leiter des Universitätsarchivs und Uniseums, dem profundesten Kenner der Universitätsgeschichte, und seinem sachkundigen Mitarbeiter Diplom-Archivar Alexander Zahoransky.

Weiter danke ich dem Rektorat und besonders Sandra Meyndt von der Stabsstelle Öffentlichkeitsarbeit bei der Unterstützung durch Fotomaterial sowie Dr. Mona Djabbapour vom Stadtarchiv Freiburg. Renate Heyberger vom Studierendenwerk und Peter Kalchthaler vom Museum für Stadtgeschichte verdanke ich manche Anregung zum Bildmaterial. Ich bedanke mich bei Rektorin Prof. Dr. Kerstin Krieglstein für ihre uneingeschränkte Unterstützung dieses Projekts.

Ein besonderer Dank gilt Bertram Walter, der für viele aktuelle Fotografien dieses Bandes verantwortlich zeichnet, und Ruben Jochem für seine Fotos.

Ein Dankeschön geht auch an meine Frau und meine Familie, die sich den Ruhestand eigentlich anders vorgestellt hatten.

Und schließlich kann ich Lukas Trabert vom Verlag Herder nicht genug danken für seine persönliche und fachlich kompetente Betreuung. Ich habe von Anfang an gespürt, wie sehr ihm dieses Projekt am Herzen liegt; es ist auch sein Buch geworden.

Rudolf-Werner Dreier

Literaturverzeichnis

Adolph, Thomas und Kamp, Ulrich: Sie soll blühen, wachsen und gedeihen, in: Geschichte der Stadt Freiburg im Breisgau, hrsg. von Heiko Haumann und Hans Schadek, Band 3, Stuttgart 1992, S. 469–484.

Akademische Studienstiftungskommission: Die Urkunden über die der Universität Freiburg i. Br. Zugehörigen Stiftungen (von 1497–1875), Freiburg 1875.

Albert, Peter Paul: Gründung und Gründer der Universität Freiburg i.Br., in: Zeitschrift der Gesellschaft für Beförderung der Geschichts-, Alterthums- und Volkskunde von Freiburg, dem Breisgau und den angrenzenden Landschaften 37 (1923), S. 19–62.

Bauer, Clemens: Die wirtschaftliche Ausstattung der Freiburger Universität in ihrer Gründungsperiode. Aufsätze zur Freiburger Wissenschaft- und Universitätsgeschichte (Beiträge zur Freiburger Wissenschaft- und Universitätsgeschichte 22), Freiburg 1960.

Baumgarten, Fritz: Freiburg im Breisgau – Die deutschen Hochschulen, Band 1, Freiburg 1907.

Beckmann, Josef Hermann (Hrsg.): Kerer, Johannes: Statuta Collegii Sapientiae 1497, Faksimileausgabe, Lindau und Konstanz 1957.

Dietze, Constantin von: Lieder und Bilder verfasst von den Studenten Flamm und Ziegelmeyer, Freiburg 1946.

Dreier, Rudolf-Werner: Albert-Ludwigs-Universität Freiburg im Breisgau, Freiburg 1991.

Dreier, Rudolf-Werner: Baedekers Freiburg, München 1988.

111 Jahre akademische Holzschnitzkunst oder Freiburger Karzer- und Bankpoesie. Ein illustriertes Buch der Freude für große Geister, 1. Aufl. Freiburg 1911 und 2. erweiterte Aufl. Düsseldorf 1911.

550 Jahre Albert-Ludwig-Universität. Festschrift. 5 Bände. Verlag Karl Alber, Freiburg / München 2007
– Band 1: Dieter Speck (Hrsg.): Bilder – Episoden – Glanzlichter.
– Band 2: Dieter Mertens und Heribert Smolinsky (Hrsg.): Von der hohen Schule zur Universität der Neuzeit.
– Band 3: Bernd Martin (Hrsg.): Von der badischen Landesuniversität zur Hochschule des 21. Jahrhunderts.
– Band 4: Christoph Rüchardt (Hrsg.): Wegweisende naturwissenschaftliche und medizinische Forschung.
– Band 5: Bernd Martin (Hrsg.): Institute und Seminare seit 1945.

Gedenkschrift zur Feier der Immatrikulation des 1500. Studenten am 9. Juli 1898, Freiburg 1898.

Gerber, Hans: Der Wandel der Rechtsgestalt der Albert-Ludwigs-Universität zu Freiburg im Breisgau seit dem Ende der vorderösterreichischen Zeit, 2 Bände, Freiburg 1957.

Grohmann, Will: Kunst an den Freiburger Universitätsbauten, aus: Quadrum 9; revue international d`art moderne, Brüssel 1960.

Grün, Bernd; Hofer, Hans-Georg und Leven, Karl-Heinz: Medizin und Nationalsozialismus. Die Freiburger Medizinische Fakultät und das Klinikum in der Weimarer Republik und im »Dritten Reich«, Frankfurt am Main und Berlin 2002.

Hättich, Manfred: Der Streit um die demokratische politische Kultur: Die Veit-Harlan-Demonstration 1952, in: Freiburger Universitätsblätter 145 (1999), S. 199–205.

Heyberger, Renate und Schmidt-Landenberger, Elisabeth: 1921–1991, 70 Jahre Studentenwerk, Freiburg 1991.

Heyberger, Renate u.a.: Studentenleben in Freiburg, Freiburg 1986.

Hofer, Hans-Georg: Die Freiburger Medizinische Fakultät im Nationalsozialismus. Katalog einer Ausstellung des Instituts für Geschichte der Medizin der Universität Freiburg, Frankfurt am Main 2003.

John, Eckhard; Martin, Bernd; Mück, Marc; Ott, Hugo u.a.: Die Freiburger Universität in der Zeit des Nationalsozialismus, Freiburg 1991.

Kalchthaler, Peter: Freiburg und seine Bauten: ein kunsthistorischer Stadtrundgang, hrsg. vom Kulturamt der Stadt Freiburg, 4., korr. und aktualisierte Aufl., Freiburg 2006.

Kalchthaler, Peter und Preker, Walter (Hrsg.): Freiburger Biographien, Freiburg 2002.

Karasch, Angela: Der Carl-Schäfer-Bau der Universitätsbibliothek Freiburg (1895–1903), in: Schriften der Universitätsbibliothek 9, Freiburg 1985.

Kicherer, Dagmar: Rektoren auf Lebenszeit: Karl Erzherzog von Österreich und Ludwig Großherzog von Baden, in: Freiburger Universitätsblätter 137 (1997), S. 87–98.

Kicherer, Dagmar: Zerstörungen an Universitätsgebäuden und ihr Wiederaufbau, in: Freiburger Universitätsblätter 127 (1995), S. 55–72.

Klingspor, Hermann (Hrsg.): Die Freiburger Rhenanen 1812–1961. Zum 150. Stiftungsfest 1962, Düsseldorf 1962.

Köhler, Oskar, u.a.: Der Verlag Herder und die Universität Freiburg im Brisgau, Freiburg 1975.

Kraus, Franz Xaver: Die Universitätskapelle im Freiburger Münster, in: Programm wodurch zur Feier des Geburtstagsfestes seiner königlichen Hoheit unseres erlauchtigsten Großherzogs Friedrich im Namen des akademischen Senates die Angehörigen der Universität einladet, Freiburg 1890.

Kurrus, Theodor: Die Jesuiten an der Universität Freiburg i.Br. 1620–1773, in: Beiträge zur Freiburger Wissenschafts- und Universitätsgeschichte 21 und 37, Band 1 Freiburg 1963 und Band 2 Freiburg 1977.

Lehmann, Martin: Die Cosmographiae Introductio Matthias Ringmanns und die Weltkarte Martin Waldseemüllers aus dem Jahre 1507, München 2010.

Lorenz, Adolf: Die Albert-Ludwigs-Universität Freiburg im Breisgau, Düsseldorf 1929.

Lorenz, Adolf: Wiederaufbau der Medizinischen Universitätsklinik Freiburg im Breisgau, Freiburg 1960.

Martin, Bernd: Die Entlassung der jüdischen Lehrkräfte an der Freiburger Universität und die Bemühungen um ihre Wiedereingliederung nach 1945, in: Freiburger Universitätsblätter 129 (1995), S. 7–46.

Martin, Bernd: Martin Heidegger und das dritte Reich. Ein Kompendium, Darmstadt 1989.

Die Matrikel der Universität Freiburg von 1460–1665, bearbeitet von Mayer, Hermann, 2 Bände, Freiburg 1907.

Die Matrikel der Universität Freiburg von 1665–1806, bearbeitet von Schaub, Friedrich, 2 Bände, Freiburg 1955 und 1957.

Die Matrikel der Universität Freiburg von 1806–1870, bearbeitet von Adolph, Thomas, 3 Teile, maschinenschriftlich, Freiburg 1991.

Mertens, Dieter: Die Anfänge der Universität Freiburg, in: Zeitschrift für die Geschichte des Oberrheins 131 NF 92 (1983), S. 289–308.

Mertens, Veronika: Nicht nur für die Wissenschaft ... Ein Kunstführer durch die Universität Freiburg, Freiburg 1983.

Morath, Rudolf: Peter Mayer (1718–1800): Der Universität Freiburg i.Br. Bürger, Kupferstecher und Maler, in: Freiburger Beiträge zur Wissenschafts- und Universitätsgeschichte 3, Freiburg 1983.

Müller, Ortwin: Wiederaufbau, bauliche Neuordnung und Erweiterung der Universität seit 1945, in: Chronik der Oberfinanzdirektion Freiburg, Freiburg 1971, S. 84–98.

Ott, Hugo: Martin Heidegger und die Universität Freiburg nach 1945. Ein Beispiel für die Auseinandersetzung mit der politischen Vergangenheit, in: Historisches Jahrbuch 195 (1985), S.95–128.

Ott, Hugo: Martin Heidegger als Rektor der Universität Freiburg i.Br. 1933–1934, in: Schau-ins-Land 102 (1983), S. 727–736 und 103 (1984), S. 107–130.

Ott, Hugo: Die Weisheit hat sich ein Haus erbaut. Impressionen zur Geschichte der Universität Freiburg, Freiburg 2007.

Ott, Hugo und Schadek, Hans (Hrsg.): Freiburg im Breisgau: Universität und Stadt, in: Stadt und Geschichte, Neue Reihe 3, Freiburg 1982.

Pfanz-Sponagel, Christiane u.a. (Hrsg.): Auf Jahr und Tag. Freiburgs Geschichte in der Neuzeit, Freiburg 2015.

Pietzcker, Carl: Der Weg der Freiburger Uni ins 3. Reich 1933–1983. 50 Jahre. Anti-Festschrift zur 525-Jahr-Feier der Universität Freiburg, hrsg. vom unabhängigen Allgemeinen Studentenausschuß und den Fachschaftsräten der Universität Freiburg, Freiburg 1982.

Pringsheim, Fritz: Die Haltung der Freiburger Studenten in den Jahren 1933–1935, in: Die Sammlung. Zeitschrift für Kultur und Erziehung 15 (1960), S. 532–538.

Rest, Josef: Die Universitätskapelle im Freiburger Münster, in: Aufsätze zur Freiburger Wissenschafts- und Universitätsgeschichte – In Memoriam Friedrich Schaub, hrsg. von Clemens Bauer; Felix Eckstein; Bernhard Meier; Ernst Theodor Nauck und Josef Rest, in: Beiträge zur Freiburger Wissenschafts- und Universitätsgeschichte 22, Freiburg 1960, S. 113–168.

Rexroth, Frank: Städtisches Bürgertum und landesherrliche Universitätsstiftung, in: Stadt und Universität, hrsg. von Heinz Duchardt, Köln 1993, S. 13–32.

Rexroth, Frank: Die Universität bis zum Übergang an Baden, in: Geschichte der Stadt Freiburg, hrsg. von Heiko Haumann und Hans Schadek. Band 2, Stuttgart 1994, S.482–509.

Rexroth, Frank: Karriere bei Hof oder Karriere an der Universität? Der Freiburger Gründungsrektor Matthäus Hummel zwischen Selbst- und Fremdbestimmung, in: Zeitschrift für die Geschichte des Oberrheins 141 NF 102 (1993), S. 154–183.

Roemer, Hans u. a.: 525 Jahre Albert-Ludwigs-Universität Freiburg i.Br., Freiburg 1982.

Rösiger, Detlef: Der Wiederaufbau seit 1945, Freiburg 1957.

Rotteck, Karl von: Promemoria vom 11. Januar 1817. Für die Erhaltung der Universität Freiburg. Aus Auftrag des Prorektors und Consistoriums geschrieben, Freiburg 1817, Nachdruck 1875.

Rübsam, Dagmar; Dietrich, Hans-Georg: Der »Freiburger Kreis«. Widerstand und Nachkriegsplanung 1933–1945. Katalog einer Ausstellung, in: Veröffentlichungen aus dem Archiv der Stadt Freiburg 25. Freiburg 1990.

Ruth, Horst: Das Personen- und Ämtergefüge der Universität Freiburg (1520–1620), Dissertation Freiburg i.Br. 2001; auch online unter http://www.freidok.uni-freiburg.de.

Sauthoff, Stephan: Adliges Studentenleben und Universitätsstudium zu Beginn des 16. Jahrhunderts. Darstellung anhand des Ausgabenbüchleins von Conrad zu Castell, Frankfurt am Main 1988.

Schaub, Friedrich: Die Freiburger Universität als vorderösterreichische Hochschule, in: Vorderösterreich – eine geschichtliche Landeskunde, hrsg. von Friedrich Metz, Freiburg, 4. veränderte Auflage 2000, S. 155–166.

Scherb, Ute: Das Frauenstudium während der Rektoratszeit von Wilhelm Säss, in: Freiburger Universitätsblätter 145 (1999), S. 143–154.

Scherb, Ute: Dem Freiburger Studenten Albert Leo Schlageter aus Schönau im Schwarzwald. Heldenverehrung an der Universität Freiburg, in: Freiburger Universitätsblätter 145 (1999), S. 143–154.

Scherb, Ute: Ich stehe in der Sonne und fühle, wie meine Flügel wachsen. Studentinnen und Wissenschaftlerinnen an der Freiburger Universität von 1900 bis in die Gegenwart, Königstein 2002.

Scherb, Ute: Wir bekommen die Denkmäler, die wir verdienen. Freiburger Monumente im 19. und 20. Jahrhundert, in: Veröffentlichungen aus dem Archiv der Stadt Freiburg im Breisgau 36, Freiburg 2005.

Schreiber, Heinrich: Geschichte der Albert-Ludwigs-Universität zu Freiburg im Breisgau, 3 Bände, Freiburg 1857.

Schumacher, Joseph, Zur Geschichte der Medizinischen Fakultät Freiburg/Br., Stuttgart 1957.

Seidler, Eduard, unter Mitarbeit von Karl-Heinz Leven: Die Medizinische Fakultät der Albert-Ludwigs-Universität Freiburg im Breisgau. Grundlagen und Entwicklungen, Freiburg 2007.

Speck, Dieter: Die Albert-Ludwigs-Universität Freiburg. Ansichten, Einblicke, Rückblicke, Erfurt 2001.

Speck, Dieter: Eine Universität für Freiburg „… zu erlöschung des verderblichen fewres menschlicher unvernunft und blintheit…", Rombach 2006.

Speck, Dieter: Fürst, Räte und die Anfänge der Freiburger Universität, in: Attempto – oder wie stiftet man eine Universität, Stuttgart 1999, S. 55–111.

Speck, Dieter: Landesherrschaft und Universität. Zum Aufbau einer vorderösterreichischen Landesuniversität in Freiburg, in: Die Habsburger im deutschen Südwesten, hrsg. von Gerhard Faix und Franz Quarthal, Stuttgart 2000, S. 217–271.

Speck, Dieter: „Grenzlanduniversität" im Nationalsozialismus. Die Verleihung der Ehrensenatorenwürde an Reichminister Dr. Frick in der Aula des Universitätshauptgebäudes, in: Freiburger Universitätsblätter 122 (1993), S. 149–164.

Speck, Dieter: „… von einiger Heftigkeit und Rechthaberei in Meinungen nicht ganz freigesprochen." Heinrich Schreiber und die Albert-Ludwigs-Universität, in: Schau-ins-Land 115 (1996), S. 77–177.

Speck, Dieter: Zwangsarbeit an der Universität und im Universitätsklinikum. Spurensuche, Fragen, Verstrickungen, in: Medizin und Nationalsozialismus. Die Freiburger Medizinische Fakultät und das Klinikum in der Weimarer Republik und im Dritten Reich, hrsg. von Bernd Grün, Hans-Georg Hofer und Karl-Heinz Leven, Frankfurt 2002, S. 418–448.

Speck, Dieter: Uniseum Freiburg, Freiburg 2007.

Speck, Dieter und Zürn, Martin u.a.: Zwischen Ludwig XIV. und Leopold I. Die Freiburg-Konstanzische Universitätsspaltung 1686–1698, in: Freiburger Universitätsblätter 141 (1998), S. 1–155.

Speyer, Hans (Hrsg.): Festblatt zur Einweihung des neuen Kollegienhauses der Albert-Ludwigs-Universität Freiburg, Nummern 1–3, Freiburg 1911.

Sportzentrum der Universität Freiburg (Hrsg.): Einrichtung der neuerrichteten Sportstätten und Erweiterungsbauten beim Sportzentrum der Albert-Ludwigs-Universität Freiburg, Freiburg 1985.

Stadtverwaltung Freiburg: Freiburg und seine Universität, Freiburg 1957.

Tellenbach, Gerd: Aus erinnerter Zeitgeschichte, Freiburg 1981.

Überdick, Theodor: Die alte Aula der Universität im Rathaus zu Freiburg im Breisgau, Freiburg 1973.

Universitätsfest anlässlich der Immatrikulation des 3000. Studenten, gegeben von der Stadt Freiburg im Breisgau Juli 1911, Freiburg 1911.

Vedral, Bernhard (Hrsg.): Kollegiengebäude I. Ein Freiburger Bauwerk und seine Geschichte, in: Freiburger Universitätsblätter 122 (1993).

Verkehrsamt der Stadt Freiburg: Freiburg im Breisgau als Universitätsstadt, Freiburg 1929.

Vigener, Fritz: Die Universität Freiburg im Breisgau und ihr Kollegienhaus einst und jetzt. Festschrift zur Feier der Eröffnung der neuen Universität am 28. Oktober 1911, Freiburg 1911.

Vincke, Johannes: Festschrift der Universität Freiburg zur Eröffnung des zweiten Kollegiengebäudes, in: Beiträge zur Freiburger Wissenschafts- und Universitätsgeschichte 25, Freiburg 1961.

Weisbrod, Adolf: Die Freiburger Sapienz und ihr Stifter Johannes Kerer von Wertheim, in: Beiträge zur Freiburger Wissenschafts -und Universitätsgeschichte 31, Freiburg 1966.

Wirbelauer, Eckhard (Hrsg): Die Philosophische Fakultät 1920–1960, Mitglieder – Strukturen – Vernetzungen, in: Freiburger Beiträge zur Wissenschafts- und Universitätsgeschichte, Neue Folge 1, Freiburg 2006.

Zeeden, Ernst Walter: Die Freiburger Philosophische Fakultät im Umbruch des 18. Jahrhunderts. Von der theresianischen Reform bis zum Übergang des Breisgaues an Baden (1805). Ein Stück Universitätsgeschichte, in: Beiträge zur Geschichte der Freiburger Philosophischen Fakultät (Beiträge zur Freiburger Wissenschafts- und Universitätsgeschichte 17), Freiburg 1957, S. 9–139.

Zentgraf, Eduard: Aus der Geschichte der Naturwissenschaften an der Universität Freiburg, in: Beiträge zur Freiburger Wissenschafts- und Universitätsgeschichte 18, Freiburg 1957.

Bildnachweis

Die Bilder für dieses Buch wurden dem Autor von folgenden Quellen zur Verfügung gestellt:

AM Augustinermuseum/Museum für Stadtgeschichte
BEO Bibliothek Erzbischöfliches Ordinariat
HV Herder-Verlag mit dem Fotografen Bertram Walter (BW)
StA Stadtarchiv Freiburg (Digitalisate von Urkunden und Fotos von Gottlieb Theodor Hase (GH), Karl Müller (KM) und Helmut Müller-Schilling (HMS))
SWFR Studierendenwerk Freiburg
UFR Universität Freiburg, Abteilung Presse- und Öffentlichkeitsarbeit und Abteilung Alumni (A), mit folgenden Fotografen: Sandra Meyndt (SM) und Ruben Jochem (RJ), Baschi Bender (BB), Jörg Blum (JB), Rüdiger Buhl (RB), Rita Eggstein (RE), Steffen Entenmann (SE), Jürgen Gocke (JG), Thomas Kunz (TK), Peter Mesenholl (PM), Harald Neumann (HN), Klaus Polkowski (KP), Brigitte Sasse (BS), Patrick Seeger (PS), Michael Spiegelhalter (MS), Universitätsbibliothek (UB), Manfred Zahn (MZ).
UAF Universitätsarchiv Freiburg
UKL Universitätsklinikum, Kommunikation
Weitere Fotos: Rudolf-Werner Dreier (RWD), Steffen Entenmann (SE) (Waldbau), Hinnerk Feldwisch (HF) und Fritz Hörmann (FH) (Mathematik), Wolfgang Fiek (WF), Michael Herrmann (MH) (Physik), HIAS Hamburg, Uwe Eduard Schmidt (UES)(Forstwissenschaften), Hans Sigmund (HS) (Fastnacht).

S. 6: UFR (SM); S. 8 HV (BW); S. 9: HV (BW); S. 10: UAF D 13/961; S. 11: UAF D 13/822; S. 12 (RWD); S. 13: UAF D 55/249; S. 14: UAF A 62/3, StA A1_XV Bb_1589_01_21 r; S. 15: UAF A 105/8141_fol.3r; S. 16: UAF A 105/8141_fol.18r, UAF A 105/8141_fol.23v; S. 17: UAF A 105/8141_fol.35v, UAF A 105/8141_fol.31r; S. 18: HV (BW); S. 19: UAF D 49/03779 (2), Festblatt,1911/S36; S. 20: UFR, HV, Reisch 10 und 19; S. 21: UAF D 13/425, UAF D 13/601(2); S. 23: UAF D 52/2068, UAF D 49/746; S. 24: StA; S. 25: AM KatNr074F; S. 26: UAF D 52/2142; S. 27: Festblatt/S23; S. 28: UAF D 12_I_5; S. 29: UFR (SM), UAF D 13/1128; S. 30: EOB, UFR/UB Freiburger Zeitung 1818-02-21; S. 31: UAF D 52/1490UAF, UAF M5/33; S. 32: UAF D 52/113, UAF D 15/8; S. 33: UAF D 52/13125 ; UAF D 52/1060, StA C 3 505/4; S. 34: UAF D 52/1, UAF D 52/12315/1; S. 35: UAF D 49/179, UAF 49/946 S 36: UAF D 49/681, UAF D 15/207, UAF D 15/358, UAF D 15/7; S. 37: UAF D 52/1250, UAF D 52/1649, Festblatt/S30; S. 38: UAF B 1/3587, Festblatt/S32, UAF D 52/2422; S.39: StA; S. 40: UAF B 1/1842, UAF B 1/1764, UAF B 1/4373, U. E. Schmidt; S. 41: StA M732/18910; S. 42: UAF D 13/873, AM Denkm.arch., UAF Reg IX/26; S. 43: UAF Reg IX/26, UAF D 13/1378; S. 44: UAF D 52/34, UFR (SM); S. 45: UAF D 15/348, UAF D 49/3785, UAF D 52/1093; S. 46: UAF D 49/3077, UAF D 103/16, UAF B 1/3025, BZ; S. 47: BZ; S. 48: UAF D 52/265, UAF D 52/28, UAF D 52/4570; S. 49: UAF D 49/1830, UAF D 49/821, UFR (UB); S. 50: UFR (SM), UAF E 1/152; S. 51: UFR (SM); S. 52: UFR (SM), UFR (SM), UKL; S. 53: UFR (HN); S. 54: UFR (MS), UFR (SM), UFR (JG); S. 55: (WF); S. 56: StA M75-1 (KM), StA M75-1 K 21 (KM); S. 57: HV (BW), UAF D 52/1639; S. 58: (WF), UAF D 52/1471, UAF D 52/12064, UAF D 52/1640; S. 59: UAF D 52/1599; S. 60: AStA-Info 1975; S. 61: UFR, UAF E 1/151, StA M75-1 (HMS); S. 62: UFR, UFR (JG); S. 63: UFR (RB), UFR (JG); S. 64: UFR (TK), UFR (UHA); 65: (RJ); S. 66: UFR; S. 67: UFR (SM), UFR (PS), (SM); S. 68: UFR (SM); S. 69: HV (BW), UFR (BW); S. 70: UAF B 35/27; S. 71: UAF D 13/468, HV, UFR (RB); S. 72: UFR (SM), UAF D 13 /1721, Jur.Sem.; S. 73: UFR (PM), UFR (PM); S. 74: UAF D 13/60, UFR (JG); S. 75: D 13/3495; S. 76: UAF D 52/1804; UAF D 13/385; S. 77: UKL; S. 79: HV, UFR (PM), UFR (MZ), UAF D 13/1160; S. 80: UAF D 13/1247, (FH); S. 81: UAF D 13/142, HV; S. 82: UAF D 13/1727, UAF D 13/2571; S. 83: UFR (HN), UFR (BB), UFR (SM); S. 84: UFR (BB), HV; S. 85: UAF D 52/2064, UFR (HN), UAF D 13/2911, UFR (JG); S. 86: HV (BW) S. 87: UAF D 13/1104, UFR (KP), UAF D 13/2697, UFR (SM); S. 88: UFR (SM); S. 89: UFR (PM), UFR (SM), UFR (SM); S. 90: UAF D 49/1227; S. 91: UFR (UB), UAF D 49/991; S. 92: UKL; S. 93: HV (BW), S. 94: StA A1XVBb1459Nov5, StA A1XVBb1460Okt27; S. 95: UAF M12/220, UAF D 52/13110; S. 96: UFR (RB), UFR; S. 97: SWFR; S. 98: UFR, HV (BW), UKL; S. 99: UKL, UFR (SM); S. 100: HV (BW); S. 101: UFR (RJ), HV (BW); S. 102: HV (BW); S. 103: HV (BW), UFR (HN) (PS) (SM); S. 104: HV (BW), UFR (JG); S. 105: UFR (KP) (RE), HV (BW); S. 106: UFR (SM), UFR (RB); S. 107: HV; S. 108: UFR (Eucor); S. 109: UFR (SE), UFR (TK); S. 110: HV (BW); S. 112: UAF D 15/240, UAF D 52/1767; S. 113: UAF A 66/9(1+2), UAF D 52/1661, Holzschn.kunst (S31); S. 114: UAF D 13/1393; S. 115: UFR (A), UFR (PS), UFR (JG); S. 116: UAF/GLA KA; S. 117: UAF B 251/115, UAF D 52/1259, UAF D 49/3868; S. 118: SWFR, UFR (Sportinst.); S. 119: UFR (Sportinst.), UFR (HN); S. 120: UFR, UAF A 105/8141_fol.47v; S. 121: UAF D 52/12317; S. 122: BZ (WF), UFR (BS) (TK); S. 123: SWFR; S. 124: UAF D 52/1919, UAF B 1/1764; S. 125: UFR, SWFR; S. 126: UAF D 13/1709; S. 127: UAF D 13/244; S. 128: UAF D 13/601; UAF/UBBaselANVI4a; S. 129: UAF D 13/820, UAF D 13/244; S. 130: UAF D 13/26, UAF D 13/1510; S. 132: UAF D 13/3768, UFR (UB Göttingen); S. 133: UAF (Uniseum); S. 134: UAF D 13/43, UAF D 13/1138; S. 135: UAF D 13/143, UAF D 13/1832; S. 136: UAF D 13/220, UFR; S. 137: UFR; S. 140: UAF (Uniseum); S. 141: Mayer; S. 142: (RWD); S. 143: UAF D 13/1475, UAF M 5/1; S. 144: UFR D 13/1083, v.Dietze 1961; S. 145: Löwisch (priv.), UFR (JG); S. 146: UFR (SM); S. 147: UAF (Ö.Nat.Bibl.PK3001/659), UAF D 13/468, UAF fol. 311 Rektorat Johann Georg Sigismund Stapf 1744-45_Matrikel Band 4_1656-1788_Blatt 309r; S. 148: UFR; S. 149: UFR; S. 150: UAF M 9/36; S. 151: UAF 13/466; S. 152: HV (BW); S. 153: HV (BW); S. 154: UFR (SM), Grohmann, Kunst S. 12; S155: UFR (SM2), UFR (RJ); S. 156: StA M 75-13-640, UAF D 49/2008; S. 157: UAF D 49/990, UFR (RJ), UFR TK), UFR (SM); S. 158: (HS), UAF D 52/963; S. 159: AM Roepcke, HV (BW), HV (BW), (HS), UAF D 15/345; S. 160: UFR (SM), UFR (PM); S. 161: UFR (MS); S. 162: UAF, UFR (BB), UFR (SM), UAF D 49/208; S. 163: SWFR/BZ; S. 164: Festblatt, Ins. S. 12; S. 165: UAF D 17/3, StA M 75-1_Neg. XII_Nr. 52-15 (KM), SWFR (2), StA M 75-1_Neg. XII_Nr. 52-17 (KM); HV (BW); S. 166: UFR (MS); S. 167: UFR (PM) (SM) (TK); S. 169: UAF D 49/399, UAF A 105/8141_fol.45r; S. 170: UAF D 49/128; S. 171: UFR (UB), UFR (SM) (BB); S. 172: (BB3) (JB); S. 174: UFR (A); S. 175: UFR (PS) (RWD) (SM) (TK); S. 176: UFR (A), HV; S. 177: HV; S. 178: UFR, HIAS HH; S. 179: UFR (A), HV; S. 180: UFR (RJ); S. 182: UFR (RJ); S. 183: UFR (SM); S. 184: HV (BW), UFR (SM); S. 185: HV (BW); S. 186: UFR (HN); S. 187: UFR (TK); S. 192: UFR (SM).